Die **Sterne** BAND 6

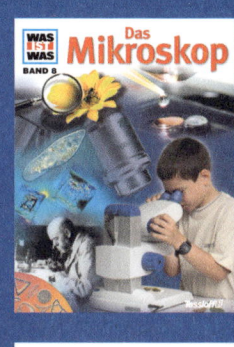
Das Wetter BAND 7

Das Mikroskop BAND 8

Der **Urmensch** BAND 9

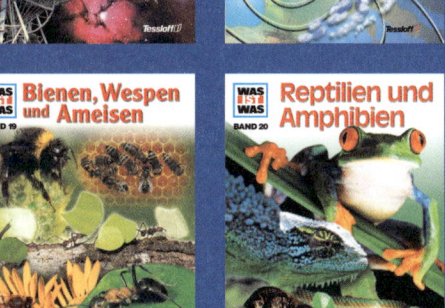
Bienen, Wespen und Ameisen BAND 19

Reptilien und Amphibien BAND 20

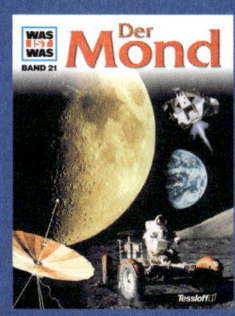
Der **Mond** BAND 21

Die Zeit BAND 22

Elektrizität BAND 24

Schiffe BAND 25

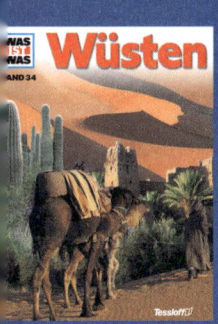
Wüsten BAND 34

Erfindungen die unsere Welt veränderten BAND 35

Polargebiete BAND 36

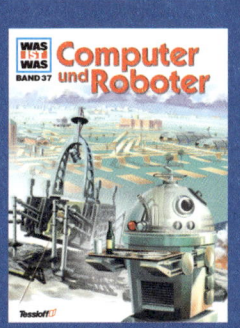
Computer und Roboter BAND 37

Säugetiere der Vorzeit BAND 38

Magnetismus BAND 39

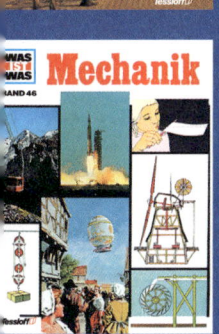
Mechanik BAND 46

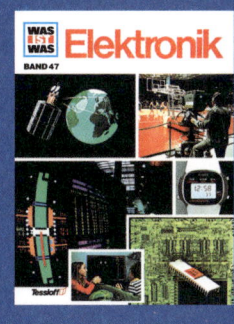
Elektronik BAND 47

Luft und Wasser BAND 48

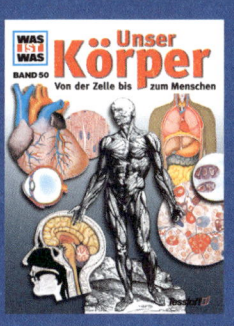
Unser **Körper** Von der Zelle bis zum Menschen BAND 50

Briefmarken BAND 52

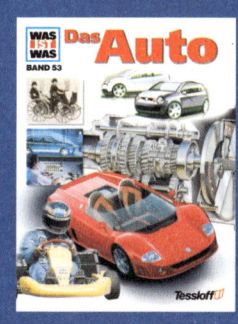
Das **Auto** BAND 53

Die **Kreuzzüge** BAND 60

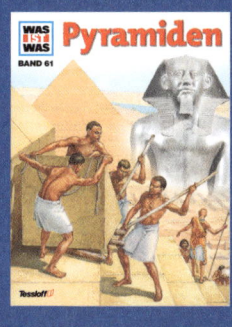
Pyramiden BAND 61

Die **Germanen** BAND 62

Die alten **Griechen** BAND 64

Die **Eiszeit** BAND 65

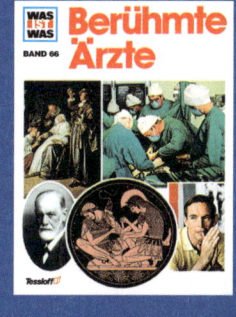
Berühmte Ärzte BAND 66

Die **Spinnen** BAND 73

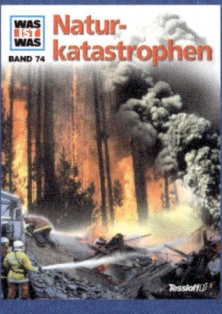
Natur- katastrophen BAND 74

Fahnen und Flaggen BAND 75

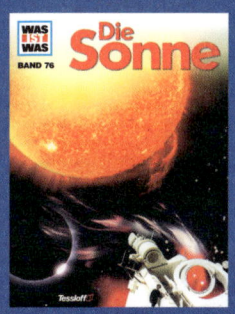
Die **Sonne** BAND 76

Tierwanderungen BAND 77

Weitere
Titel siehe
letzte Seite.

Ein  Buch

Wildblumen

Von Dr. Heike Herrmann und Andreas Zeugner
Illustrationen von Cinzia Antinori

Vorwort

Nicht von hochgezüchteten Gartenblumen oder exotischen Zimmerpflanzen soll in diesem Buch die Rede sein, sondern von unseren wildwachsenden Blütenpflanzen. Gerade die scheinbar nutzlosen Pflanzen, vielleicht am Feldrain oder am Ufer der Gewässer, sollen uns interessieren. Sie geben dem aufmerksamen Beobachter viele Hinweise auf die Zusammenhänge zwischen Kultur- und Naturlandschaft.

Pflanzen haben sehr verschiedene Ansprüche und sie kämpfen ums Überleben, jede auf ihre Weise. Wie sie das tun und mit welchem Erfolg, ist aufschlussreich und kann uns den Blick schärfen für den Zustand unserer Welt insgesamt. Wildblumen weisen uns auf Veränderungen und Gefährdungen der Lebensgemeinschaften in der Natur hin. Sie besser zu kennen und, wo es nötig ist, zu schützen, ist eine wichtige Aufgabe. Wir können nur in einer halbwegs intakten Natur langfristig überleben und brauchen eine gesunde, abwechslungsreiche Landschaft, an der wir uns erfreuen, in der wir uns erholen können.

Aus der riesigen Zahl der Blüten- oder Samenpflanzen wird hier nur eine kleine Auswahl vorgestellt. Erfahrungsgemäß sind es die krautigen Pflanzen mit auffällig gefärbten Blüten, die uns am meisten Freude machen. Holzgewächse, also Bäume und Sträucher, kommen in diesem Buch kaum vor. Ihnen ist ein besonderer WAS IST WAS-Band gewidmet.

BAND 26

Dieses Buch ist auf chlorfrei gebleichtem Papier gedruckt.

BILDQUELLENNACHWEIS:
FOTOS:
AKG, Berlin: S. 46 (3); Archiv Tessloff Verlag, Nürnberg: S. 5 u, 47 or; Comet Photoshopping, Ch-Zürich: S. 41 or; FAN – Agentur der Fotografen, Lüneburg: S. 40 u; Getty Images, München: S. 47 u; Fam. Hense (www.kleinsthof.de): S. 19 u (Kräuterspirale); Pia und Winfried Heß, Erlangen: S. 25 mr; Institut für wissensch. Fotografie, Lauterstein (M. Kage): S. 16 or, 16 ur, 21 o (2); Juniors Tierbildarchiv, Ruhpolding (RF): S. 1, 2/3, 6 o (Waldmeister/Leberblümchen), 7 ml, 7 ur, 8 or, 9 u, 12 (3), 13 (4), 19 o (Bohnenkraut/Liebstöckel/Schnittlauch), 19 ml (Petersilie), 20 om (Stiefmütterchen), 22 (2), 23 u (Blüte/Frucht), 24 ml, 24 om (Klette), 24 u (2), 26 u (Arnika/Glockenblume), 27 ol (Alpenleinkraut), 27 mu (Gelber Enzian), 28 mr (Pfefferminze/Thymian), 29 ml (Bärenklau), 29 ur (Tollkirsche), 30 o (Schlüsselblumen), 31 mu (Hirtentäschelkraut), 33 o (2), 34 ol, 34 ul (Seerose), 35 or (Pestwurz), 35 mr (Wasserschierling), 36 mr (Mistel), 36 m, 37 o (2), 38/39 (Hintergrund), 39 ol (Fieberklee), 43 (Hintergrund), 45 ur, 48; Juniors Tierbildarchiv, Ruhpolding (Stock): S. 24 ml (Mohnsamen); Okapia, Frankfurt: S. 23 ur (Samen), 27 ml (Mannsschild), ; Picture Alliance, Frankfurt: S. 30 mr (AKG), 41 ul, 43 m (Küchenschelle); Superbild, München: S. 40 or; Wildlife, Hamburg: S. 6/7, 6 o (Lerchensporn), 6 ur, 7 u (Lungenkraut/ Haselwurz), 8 ml. 8 u (2), 9 o (2), 10 u, 11 (3), 12/13 (Hintergrund), 17 or, 19 o (Dill), 19 ur (Salbei), 20 r (Ackerwinde/Distel), 20 u, 24 m (Odermenning), 25/26 (Hintergrund), 26 ul (Alpendost), 27 or (Gemswurz), 27 ul (Alpenrose), 27 ur (Alpenfettkraut, 28 l, 28 m (Ringelblume/ Kamille), 28 u (Fenchel/Spitzwegerich), 29 r (Maiglöckchen/Herbstzeitlose/Bärlauch), 29 mu (Eisenhut), 30 or (Wasserfeder), 31 or (2), 31 ul (Raps/Schoten), 32 (3), 33 u, 34/35, 34 u (3), 35 ul, 36 o (2), 36 u (Sonnentau), 38 (4), 39 o (Sumpfblutauge/Enzian), 42 (2), 43 Frauenschuh, Alpenglöckchen, Türkenbund, Märzenbecher, Knabenkraut), 44/45, 44 (4), 45 or, 45 mr;

UMSCHLAG:
Fotos: Juniors Tierbildarchiv, Ruhpolding, Archiv Tessloff Verlag, Nürnberg
Illustration: Cinzia Antinori (Milan Illustrations Agency)

ILLUSTRATIONEN:
Cinzia Antinori (Milan Illustrations Agency), Mailand: S. 4/5, 5 or, 14, 15 ur, 17, 18, 22, 23, 25 or, 25 u, 37;
Johannes Blendinger, Nürnberg: S. 15 ul, 16; 32;
Frank Kliemt, Hamburg: S. 21 l;
Manfred Kostka, Hamburg: S. 10, 36 o;

GRAFIK UND GESTALTUNG: GDCdesign, Nürnberg

Für die fachliche Beratung bedanken wir uns ganz herzlich bei Frau Pia Heß, Herrn Prof. Dr. Friedrich Bay, und Herrn Dr. Helmut Etzold

ISBN 3-7886-0266-X

Inhalt

Blumen in der freien Natur

Woher stammen unsere Gartenblumen?

Gartenblumen stammen von Wildblumen ab, wenn auch oft die Ähnlichkeit mit den Vorfahren nicht mehr ohne weiteres erkennbar ist. Meist sind es Wildblumen aus fremden Ländern, die in unseren Gärten gepflegt werden, sei es als reine Art oder als gezüchtete Form. Wir holen uns – soweit es unser Klima erlaubt – aus allen Erdteilen die prächtigsten Vertreter der Blumenwelt und erreichen mit ihnen eine kostbare Blütendecke, die über Monate anhält. Weshalb sollte man auch einheimische Wildblumen anbauen, die am natürlichen Standort vorhanden sind und bei Bedarf – ausgenommen die geschützten Arten – gepflückt werden können?

BLÜTENPFLANZE

„Blütenpflanze" ist der wissenschaftliche Ausdruck für unser umgangssprachliches Wort „Blume". Die Blüte ist ein oft sehr auffallender Teil der Pflanze. Aber auch Pflanzen, die kleine und unscheinbare Blüten tragen wie Gräser, werden zu der Gruppe der Blütenpflanzen gerechnet.

Wie ihr Name schon sagt, finden wir die Heckenrose (auch Hundsrose) als Begleiter von Wald- und Wegrändern.

Wechselbeziehung
Nicht nur wir Menschen, sondern auch die Tiere sind auf die Pflanzen angewiesen. So sind beispielsweise die Raupen der Schmetterlinge ohne die passende Futterpflanze verloren. Von den Vögeln haben sich viele auf die Früchte und Samen bestimmter Wildblumen spezialisiert.

Welchen Wert haben Wildblumen?

Was überall reichlich und umsonst zu haben ist – wer weiß das zu schätzen? Und doch ist der Wert unserer einheimischen Wildblumen unbestreitbar. Es gibt unter ihnen ausgesprochen hübsche Arten, die mit prächtigen Blüten auch in Gärten ihren Platz finden. Andere Arten werden als vitaminhaltiges Wildgemüse gerne gegessen, etwa die saftigen Blätter des Löwenzahns oder junge Brennnesseln.

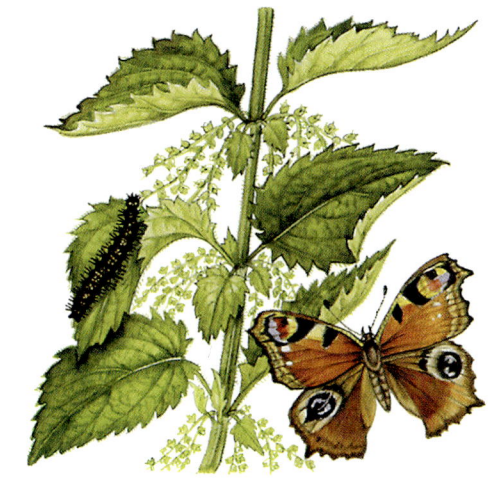

Für die Raupe des Tagpfauenauges ist die Brennnessel eine wichtige Futterpflanze.

Besonders in den Bergen hat das Sammeln von Wildblumen eine lange Tradition, ob es sich um Heilkräuter oder Gewürzpflanzen, um Blüten zur Teebereitung oder um Wurzeln zur Herstellung von Kräuterlikör nach alten, meist geheimen Rezepten handelt.

Darüber hinaus ziehen wir noch mancherlei Nutzen aus unseren Wildblumen und Wildkräutern. Der Imker freut sich, den schmackhaften Sommerblütenhonig anbieten zu können, den seine Bienen aus den verschiedensten Wildblumen zusammengetragen haben.

Wir verdanken es dem großen Durchsetzungsvermögen unserer einheimischen Blütenpflanzen, dass kein Stück Erdboden für längere Zeit unbesiedelt bleibt. Der kostbare Boden wird durch das fein verzweigte Wurzelwerk zusammengehalten und kann nicht so leicht vom Regen fortgespült werden. Diese landschaftserhaltende Wirkung der wilden Blumen kommt uns Menschen zugute, auch wenn dem Gärtner und Gartenliebhaber die ungeheure Fruchtbarkeit und Zähigkeit so mancher „Unkräuter“ lästig wird.

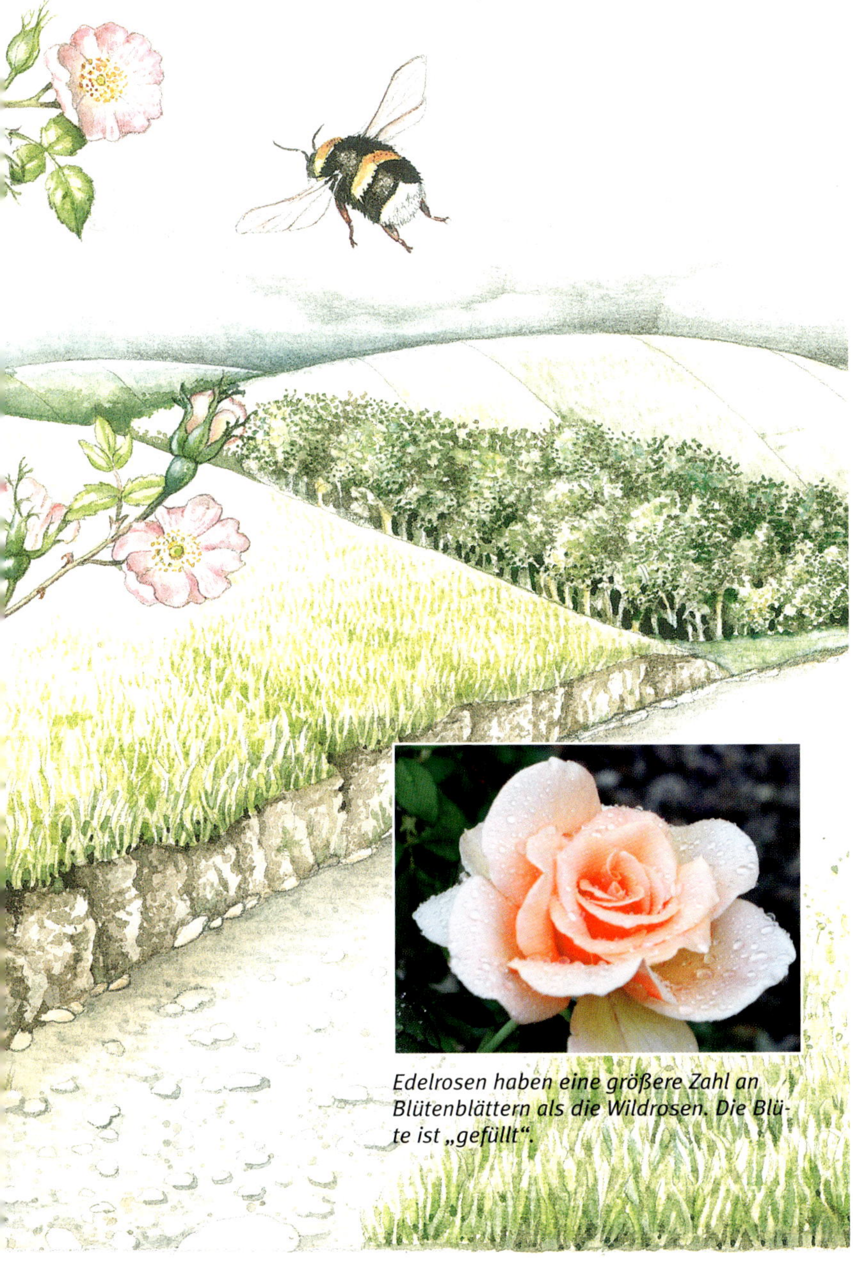

Edelrosen haben eine größere Zahl an Blütenblättern als die Wildrosen. Die Blüte ist „gefüllt“.

Der Waldmeister ist für Bienen, Fliegen und Raupen interessant. Wir nutzen sein Aroma zum Beispiel bei der Speiseeisherstellung.

Das Leberblümchen bekam seinen Namen wegen seiner Blattform. Eine heilende Wirkung bei Leberleiden ist nicht erwiesen.

Um an den Nektar des Lerchensporns zu kommen, bohren kurzrüsselige Erdhummeln häufig einfach ein Loch in den Sporn.

Lebensraum Laubwald

WALD IM WANDEL

Ursprünglich war Mitteleuropa von Wald bedeckt. Heute nimmt der Wald in Deutschland nur noch etwa 30 Prozent der Landesfläche ein. So genannte Urwälder finden wir nicht mehr, denn schon im Mittelalter wurden diese durch die übermäßige Nutzung zur Brennholzgewinnung und als Waldweide stark verändert.

Seit etwa 200 Jahren kennen wir eine geregelte Forstwirtschaft. Holz wird dabei nicht nur geschlagen, sondern auch wieder angepflanzt. Man wählte dazu häufig schnell wachsende Nadelhölzer wie Kiefer und Fichte. Sie ersetzten nach und nach die urprünglichen Laubbäume. So finden wir heute bei uns Wälder aus Fichten oder Kiefern sowie Laubwälder. In den Laubwäldern sind meist ein bis zwei Baumarten vorherrschend, dazu gehören Buchen-, Eichen- und Ahornarten, Eschen, Birken und die Hainbuche.

Einer der wichtigsten Laubbäume Mitteleuropas ist die Rotbuche. In Laubwäldern mit einem hohen Anteil an Buchen finden wir viele unserer früh blühenden Blumen (Frühblüher).

FRÜHBLÜHER IM VORTEIL

Sobald die Sonne hoch genug steht, um den Boden zu erwärmen, bildet sich unter den noch kahlen Laubbäumen ein dichter Blütenteppich. Es ist die Zeit der Buschwindröschen, die sich mit Schlüsselblume und Lungenkraut, mit Scharbockskraut und dem selteneren Gelben Buschwindröschen bodendeckend ausbreiten, besonders wo es feucht ist. Kommt noch der prächtige Lerchensporn hinzu, so haben wir es sicher mit einem guten, humusreichen Laubwald zu tun. Auch der Bärlauch zeigt fruchtbaren Boden an, wo er im Laubwald dichte Bestände bildet.

Die Frühblüher nutzen die Zeit vor der Belaubung der Bäume, in der das Licht gut auf den Waldboden vordringt. Später genießen sie den Schutz vor Austrocknung. Das dichte Laubdach sorgt dann im Wald für ein gleichmäßiges Klima.

Wenn das Laub der Bäume hervorbricht, haben viele Frühblüher bereits ihre Früchte angesetzt. Bei all diesen Stauden (mehrjährige Pflanzen, deren oberirdische Teile nicht verholzen, sondern im Herbst absterben) sorgen ihre Blätter noch dafür, dass den Zwiebeln, Knollen und Wurzelstöcken in der Erde genügend Kraft für das frühe Austreiben im nächsten Jahr zugeführt wird.

Andere Waldblumen sind später dran. Sie blühen, wenn die Bäume schon belaubt sind. Dazu zählen Waldmeister und Maiglöckchen, Weißwurz und Goldnessel. Der Höhepunkt der Blütenpracht in unseren Wäldern liegt aber eindeutig im Frühjahr.

Bärlauch ist Nektarpflanze für Kleinkäfer und Ameisen und Futterpflanze für Raupen. Wir schätzen ihn als Heil- und Würzpflanze.

Während wir gerne die Früchte essen, wird der Nektar der Walderdbeere von Fliegen, Kleinkäfern und Ameisen genossen.

Das Lungenkraut ist wegen seiner reizmildernden Wirkung eine alte Heilpflanze gegen Husten (daher der Name).

Die Blüten der Europäischen Haselwurz wachsen dicht über dem Boden und bilden Samen mit Ölkörpern – Ameisenverbreitung.

Das Buschwindröschen ist schwach giftig und das Essen der Blätter und Früchte führt zur Reizung der Verdauungswege.

Wie unter den Vögeln die Sperlinge sich überall dort einfinden, wo menschliche Siedlungen sind, so gibt es auch Pflanzen, die dem Menschen folgen und von ihm verbreitet werden. Sie gelangten entweder zusammen mit den Kulturpflanzen zu uns und lassen sich schon seit der Jungsteinzeit als Ackerwildkräuter nachweisen, wie Klatschmohn, Kornblume, Ackerhel-

Die Kornblume ist nur noch selten in Getreideäckern zu finden.

lerkraut und die Rote Taubnessel, oder stammen aus der heimischen Wildflora wie die Vogelmiere. Ihr hat erst der Ackerbau einen weiten Lebensraum geboten.

Die Knospen und Samen der Vogelmiere werden gerne von Vögeln gefressen (Name).

Mit neuen Kulturpflanzen sind auch immer wieder neue Begleiter zu unserer einheimischen Wildflora hinzugekommen. Die Wilde Tulpe, die Traubenhyazinthe und der Nickende Milchstern sind Arten, die als Begleiter des Weinbaus bei uns auftauchten und heute leider selten geworden sind.

Eine Reihe von Blumen sind aus mittelalterlichen Kloster- und Burggärten entkommen und verwildert. Dazu zählen vor allem Heil- und Würzpflanzen wie der Rainfarn (ein altes Wurmmittel) oder der als Gurkenkraut bekannte Borretsch.

Auch heute noch kommen Pflanzen aus anderen Teilen der Erde zu uns. Ihr Weg ist allerdings weniger mühsam als der, den sie vor Tausenden von Jahren hatten. Sie reisen im Ballastwasser von Ozeanschiffen, fliegen in der Business class im Gepäck von Touristen oder gelangen mit importiertem Saatgut aus aller Welt zu uns.

In der Nähe von Häfen und Bahnhöfen, ehemaligen Mühlen und entlang der Autobahnen, aber auch

Die Rote Taubnessel findet man im Frühjahr in Gärten, an Wegen und auf Schuttplätzen.

Am Wegrand oder auf Bauschutt gedeiht der Rainfarn neben Beifuß und Brennnessel.

UNZÄHLIGE PFLANZEN

Für das Gebiet Deutschlands geben die vollständigen Pflanzenbestimmungsbücher rund 2800 Gefäßpflanzen an. Davon können wir etwa 80 Arten für unsere Zwecke unberücksichtigt lassen: Die Farne, Schachtelhalme und Bärlappgewächse besitzen keine Blüten. Die Gräser, Riedgräser und Binsengewächse bilden eine Gruppe von ungefähr 400 Arten. Sie sind zwar echte Blütenpflanzen, doch niemand würde sie als „Blumen" bezeichnen. Dazu sind ihre windbestäubten Blüten zu unscheinbar. Verholzende Gewächse, also Bäume und Sträucher, erfreuen uns oft durch ihre verschwenderische Blütenfülle und sind vielfach als Bienenweide von großer Bedeutung. Wilde Blumen im eigentlichen Sinne sind sie aber nicht. Was bleibt, sind an die 2000 krautige Blütenpflanzen.

Links: Die Kanadische Goldrute kann mannshoch werden. Rechts: Das Indische Springkraut wird hauptsächlich von Bienen bestäubt. Jede Pflanze kann 1600 bis 4000 Samen bilden, die bis zu 7 Meter aus der Kapsel geschleudert werden.

UNLIEBSAME GÄSTE

Nicht alle eingewanderten Pflanzen sind gerne gesehen, denn häufig verdrängen sie die einheimischen Arten. Die wenigsten gliedern sich in die heimische Flora ein. Viele finden gerade dort passende Standorte, wo der Mesch die natürliche Lebensgemeinschaft zerstört hat. Die giftige Herkulesstaude zum Beispiel wächst gerne an begradigten und befestigten Flussläufen und die Kanadische Goldrute ist ein typischer Besiedler unserer Brachländer geworden. Häufig sind die Neulinge aber von geringerem Nutzen für Insekten und Vögel. Wer also etwas für die heimische Natur tun will, sollte versuchen, einheimische Pflanzen, Lebensräume sowie Landschaften zu erhalten.

an Vogelfutterplätzen und Schutthalden ist schon mancher Botaniker auf unbekannte Gewächse gestoßen, die sich mit den gängigen Büchern nicht bestimmen ließen. Hier kann oft nur ein Fachmann aus einem Botanischen Institut an der Universität weiterhelfen.

Während die meisten Fremdlinge nur vorübergehend zu finden sind

Wie ihr Name sagt, öffnet die Nachtkerze erst abends ihre Blüten. Aus ihren Samen gewinnt man ein wertvolles Öl, das bei Hauterkrankungen verwendet wird.

und vielleicht nur in einem besonders heißen Sommer bei uns fruchten können, so hat doch einer ganzen Reihe von „Zugereisten" unser Klima so zugesagt, dass sie sich bei uns eingebürgert haben. Nachtkerze und Franzosenkraut, Berufkraut und Goldrute sind erst im Laufe der letzten Jahrhunderte Bestandteil unserer Flora geworden. Wohl jeder kennt das Indische Springkraut, das als Schatten- und Halbschattenpflanze an feuchten Standorten zu finden ist.

Vor einem Einwanderer muss gewarnt werden: Der Riesenbärenklau (Herkulesstaude) kam aus dem Kaukasus zu uns und zeigt einen unglaublichen Ausbreitungswillen. Sein Pflanzensaft ist giftig und bei Hautkontakt gefährlich (siehe Seite 29).

Natürlich haben auch einige Pflanzen aus Europa den Sprung in andere Kontinente geschafft und sind dort heimisch geworden. Überall auf der Welt gibt es den Breitblättrigen Wegerich. Er ist als typischer Kulturbegleiter ein Kosmopolit geworden. Allein nach Nordamerika sind schätzungsweise 200 Pflanzenarten mit ausgewandert.

Ob wir uns in einem Laubwald umsehen oder ein Seeufer genauer untersuchen – immer stellen wir fest, dass es nicht Zufall ist, welche Blumen gemeinsam einen Standort besiedeln. Aus der riesigen Zahl von Blütenpflanzen finden ganz bestimmte Arten zusammen, oft mit großer Zuverlässigkeit.

Wir wissen, dass Pflanzenarten durch ihr Vorkommen auf bestimmte Eigenschaften des Bodens hinweisen können: Die Brennnessel ist zum Beispiel eine Zeigerpflanze für Stickstoffreichtum.

Viel besser als durch einzelne Zeigerpflanzen lässt sich ein Standort beschreiben, wenn man die Gesamtheit der Arten heranzieht, die ihn besiedelt. Solche Artengruppen, die zusammen auftreten, werden von Botanikern als Pflanzengesellschaft beschrieben und meist nach

> ## Was sind Pflanzengesellschaften?

ein oder zwei besonders charakteristischen Arten benannt.

Pflanzengesellschaften selbst zu entdecken, ist nicht schwer. Jeder kann auf viel begangenen Wegen oder auch auf schlecht gepflegten Spielplätzen den „Weidelgras-Breitwegerich-Rasen" finden. Diese Pflanzengesellschaft besteht nur aus wenigen Arten, die dafür aber sehr zuverlässig überall dort auftauchen, wo Trittflächen entstehen. Neben dem Weidelgras und dem einjähri-

BRACHFLÄCHEN

Für den Pflanzenfreund sind gerade die „unordentlichen" Flächen interessant, die vielleicht früher einmal genutzt wurden und jetzt sich selbst überlassen sind: Alte Bahndämme, aufgelassene Kiesgruben und Steinbrüche, unbebaute Grundstücke, verwahrloste Gärten und Felder. Scharbockskraut, Kriechender Hahnenfuß, Huflattich, Gemeines Leinkraut und die Wilde Möhre bieten den Insekten reichlich Nahrung.

Für leichte Insekten gesperrt – die Blüte des Gemeinen Leinkrautes wird von Hummeln besucht.

Aus der Froschperspektive zeigen sich die Mitglieder der Pflanzengesellschaft an Wegrändern deutlich: ❶ Weidelgras, ❷ Vogelknöterich, ❸ Breitwegerich, ❹ Strahlenlose Kamille, ❺ Einjähriges Rispengras.

gen Rispengras gehören zu dieser Gesellschaft der namengebende Breitwegerich, die Strahlenlose Kamille und der Vogelknöterich. Dieser „eiserne Bestand" bleibt aber nur so lange unter sich, wie die Standortbedingungen die gleichen sind. Hört das regelmäßige Betreten der Fläche auf, stellen sich neue Arten ein.

Am besten kann man die Entstehung und die weitere Entwicklung

der Pflanzendecke verfolgen, wenn plötzliche Veränderungen eingetreten sind, die eine Neubesiedlung ermöglichen. Das kann etwa ein Kahlschlag im Nadelforst sein, ein Waldbrand oder eine Windwurfkatastrophe. Aber auch jede neu angelegte Böschung oder ein Stück Land, das plötzlich nicht mehr bearbeitet wird, ist zur Beobachtung gut geeignet.

Der Huflattich blüht im zeitigen Frühjahr. Seine Blätter bildet er erst nach der Blüte aus. Er ist ein typischer Vertreter der Pioniergesellschaften und an Wegen und Kiesgruben zu finden.

„UN"–KRAUT - WILDKRAUT

Mit dem hässlichen Wort Unkraut bezeichnen wir all jene wilden Pflanzen, die auf dem Feld oder im Garten störend zwischen den Kulturpflanzen auftauchen. Heute spricht man allerdings von Wildkraut und darunter sind ausgesprochen schöne Wildblumen wie Klatschmohn, Kornblume und Ackerrittersporn zu finden. Zwar wird auch heute alles mögliche unternommen, um das Saatgut rein zu halten und das Wildkraut, wenn es doch auftritt, gezielt zu bekämpfen. Trotzdem haben sich gerade in dieser Gruppe viele Gewächse mit bemerkenswerter Zähigkeit gehalten. Es heißt geradezu sprichwörtlich „Unkraut vergeht nicht". Weshalb?

Die Samen der Wildkräuter können viele Jahre lang im Boden liegen, ohne ihre Keimkraft zu verlieren. Gerade die Wildkräuter bringen sehr viele Samen hervor. Einen weiteren Vorteil gegenüber den Kulturpflanzen zeigen zum Beispiel die Geruchlose Kamille und das Schmalblättrige Weidenröschen. Sie sind Meister im Ausnutzen von Lücken aller Art und kommen auf jedem Boden zurecht. Anspruchslos, anpassungsfähig, schnellwüchsig, mit vielen Samen und guten Ausbreitungsmethoden – das scheint das Erfolgsrezept der Wildkräuter zu sein.

Ackerrandstreifen mit Klatschmohn, Ackerhundskamille und Rittersporn

Lebensraum Wiese

Heute fällt es schwer, sich vorzustellen,

OHNE SENSE UND VIEH KEINE WIESE

dass Mitteleuropa vor unserer Zeitrechnung überwiegend bewaldet war. Zwischen kleinen freien Flächen erstreckten sich riesige Wälder. Erst durch umfangreiche Rodungen entstanden Wiesen und Weiden wie wir sie heute noch kennen. Anfangs hatte man vor allem Weiden für das Vieh. Erst mit der Erfindung der Sense entstanden die ersten so genannten Streuwiesen und Mähweiden.

Wenn es also früher gar keine Wiesen

VOM WALD IN DIE WIESE

gab, woher kamen dann all die Wiesenpflanzen, die wir kennen? Die meisten Arten wanderten aus dem nächstgelegenen Wald ein. War dieser Wald beispielsweise ein Auwald oder Erlenbruchwald nahe am Wasser, dann war auch die daneben liegende Wiese feucht und auf ihr konnten die selben Blumen gedeihen wie im Wald.

Die jungen würzigen Blätter des Großen Wiesenknopfes werden im Grünfutter und im Heu gerne gefressen.

Die weichstachelige Kohldistel mit ihren zarten Laubblättern wird gerne frisch gefressen und ist Nektarpflanze für Tagfalter.

Im Laufe der Zeit wanderten auch einige Blumenarten ein, die nicht gerade in der Nähe wuchsen. Bemerkenswert ist, dass sich in unseren Wiesen keine Arten aus anderen Erdteilen angesiedelt haben.

Auf einer Wiese können sich nur solche

BEIM MÄHEN HEISST ES SICH DUCKEN

Pflanzen halten, die es vertragen, dass wenigstens einmal im Jahr die Sense oder die Mähmaschine kommt und die ganze Pracht kurz über dem Erdboden abschneidet. An diese Nutzung sind Wiesenblumen angepasst. Sie treiben nach dem Mähen wieder aus und besitzen dafür Knospen an unterirdischen Sprossteilen oder dicht über der Erde.

Allerdings sind die Wiesen vor der ersten Heuernte, also im Mai und Juni, am farbenprächtigsten. Nach dem Schnitt erreichen sie nicht die alte Vielfalt.

Schlüsselblumen und Wiesenschaumkraut haben bis zum ersten Schnitt bereits ihre Früchte reifen lassen. Andere Wiesenpflanzen kommen erst nach der Heuernte zur Blüte. Bärenklau und Kohldistel, Augentrost und Großer Wiesen-

Das frische Wiesenschaumkraut ist – in größeren Mengen gegessen – giftig und wird auch vom Vieh gemieden.

Der Scharfe Hahnenfuss ist frisch für Rinder unverträglich, verliert im Heu aber seine Giftigkeit.

knopf gehören zu dieser Gruppe. Besonders gut an den Rhythmus der Wiese angepasst ist die Herbstzeitlose mit ihrer unterirdischen Knolle.

Durch die Häufigkeit des Mähens, der Beweidung und durch Düngung kann der Mensch die Artenvielfalt der Wiesen bestimmen. Viele verschiedene Pflanzenarten finden wir zum Beispiel auf so genannten Feuchtwiesen. Sie sind daher auch sehr wichtig für die unterschiedlichsten Insekten.

DER MENSCH BESTIMMT DIE ARTENVIELFALT

Wird eine Feuchtwiese mehr als zweimal gemäht, vielleicht auch noch gedüngt und nach der letzten Maht beweidet, sterben viele Arten ab und der Lebensraum der Insekten geht verloren.

Nur wo es feucht ist, gedeiht die Sumpfdotterblume. Wohl die schönste unserer Wiesenblumen, die Schachbrettblume, liebt es ebenfalls feucht. Sie steht gern im Überschwemmungsbereich der Flüsse. Die Schachbrettblume fruchtet im Juni, sodass ihr die Heuernte oder eine spätere Beweidung nichts anhaben können. Wird aber eine Wiese nicht mehr genutzt, also nicht mehr gemäht, so verschwindet sie, da sie nicht sehr konkurrenzstark ist und von den anderen Blumen erdrückt wird.

Ein trauriger Anblick sind die so genannten Grasäcker. Hier wachsen nur noch wenige Grassorten, die bis zu sechsmal im Jahr geschnitten werden.

Der Wiesenlöwenzahn ist über die gesamte Nordhalbkugel verbreitet.

Die Sumpfdotterblume ist keine Futterpflanze. Sie ist frisch und getrocknet giftig.

Die Schachbrettblume (Muster der Blütenblätter) ist eine gefährdete Pflanzenart.

Pflanzenteile und ihre Aufgaben

Wie ist eine Blume aufgebaut?

Eine Blume besteht aus drei Teilen: Aus der Wurzel, die meist vollständig in der Erde steckt, aus dem Stängel, der die grünen Blätter trägt und den Blüten, die meist oben auf dem Stängel sitzen. Tagsüber bildet die Pflanze mithilfe der Sonnenenergie und dem grünen Blattfarbstoff Nahrung. Diese muss aus den Blättern überall dahin transportiert werden, wo sie gebraucht wird. Wasser und Mineralien werden dagegen von der Wurzel aufgenommen und in einem Leitungssystem in alle Teile der Pflanze verteilt. Man sollte auch nicht vergessen, dass eine Pflanze so wie alle Lebewesen Tag und Nacht atmet.

Während eine Blume wächst, setzt sie Blüten an. Sie produziert Blütenstaub (Pollen), wird befruchtet und bildet schließlich Früchte und Samen aus.

BLÜTENDUFT

Blumen sind nicht nur ein schöner Anblick, manche ihrer Blüten duften auch. Der Duft lockt Insekten an, die der Blume bei der Bestäubung helfen. Besonders nachts, wenn sich keine Farben unterscheiden lassen, orientieren sich nachtaktive Insekten, wie Nachtfalter am Duft der Blumen, um die Blüte zu finden und sich Nektar zu holen. Auch ultraviolette Farbflecken, die wir Menschen nicht sehen, weisen den Insekten den Weg. Es gibt deutliche Geruchsunterschiede. Blüten, die Bienen oder Schmetterlinge anlocken, duften auch für uns angenehm. Fliegenbestäubte Blüten dagegen riechen für uns meist unangenehm, weil sie den Duft von Aas imitieren, der auf Fliegen besonders anziehend wirkt. Die Produktion der Duftstoffe wird häufig auf die Flugzeit der Bestäuber abgestimmt. So duften manche Pflanzen nur während des Tages, andere nur am Abend oder während der Nacht.

AUFBAU EINER BLÜTENPFLANZE

Knospe

Blüte

Frucht (Schote)

Samen mit Flughaaren

Blatt

Stängel

Schmalblättriges Weidenröschen

Wurzelwerk

Wie wissen Blumen eigentlich, wann sie wachsen und blühen sollen? Zunehmende Wärme und Feuchtigkeit im Frühling sind sozusagen der Startschuss für die Blumen auszukeimen und zu wachsen. Jeder weiß aber, dass das Wetter gerade im Frühling noch sehr wechselhaft und launisch sein kann. Deshalb nutzen die Pflanzen noch einen anderen, zuverlässigen Zeitgeber, die Tageslänge. Zum Sommer hin werden die Tage länger und auch wärmer, nach der sommerlichen Wärme werden die Tage kürzer und kühler. Jede Art erkennt daran, wann der richtige Zeitpunkt zum Wachsen, Blühen und zur Samenreife ist.

Wie ist eine Blüte aufgebaut?

Die Blüte besteht aus Blättern, die besondere Aufgaben übernommen haben. Der äußeren Hülle, den Kelchblättern, sieht man noch am ehesten an, dass es sich um umgewandelte Blätter handelt, besonders dann, wenn sie noch grün sind.

Aber auch die bunten Blüten- oder Kronblätter sind, wie ihr Name andeutet, aus Blättern hervorgegangen. Dient der Kelch dem Schutz der Blüte, besonders vor dem Aufblühen, so haben die auffällig gefärbten Kronblätter die Aufgabe, die Bestäuber anzulocken.

Das Kernstück einer Blüte bilden aber die Staubblätter und die Fruchtblätter. Hier ist die Umwandlung so weit fortgeschritten, dass die Herkunft vom Blatt höchstens noch unter dem Mikroskop erkennbar ist. Staub- und Fruchtblätter sind für die Samenbildung unbedingt erforderlich. Die übrigen Blütenteile wie Kelch- und Blütenblätter können fehlen.

Die meisten Blüten haben einen Kranz von Staubblättern und darinnen den Stempel, der aus einem oder mehreren Fruchtblättern entstehen kann. Wenn so die männlichen Blütenorgane (Staubblätter) und die weiblichen Blütenorgane (Fruchtblätter) in einer Blüte vereinigt sind, spricht man von zweigeschlechtlich, weil beide Geschlechter vorhanden sind.

Es gibt auch Pflanzen, die entweder männliche oder weibliche Blüten haben. Diese bezeichnet man dann als eingeschlechtlich. Das hat allerdings zur Folge, dass nur die weiblichen Pflanzen Früchte und Samen ausbilden können.

AUFBAU EINER BLÜTE

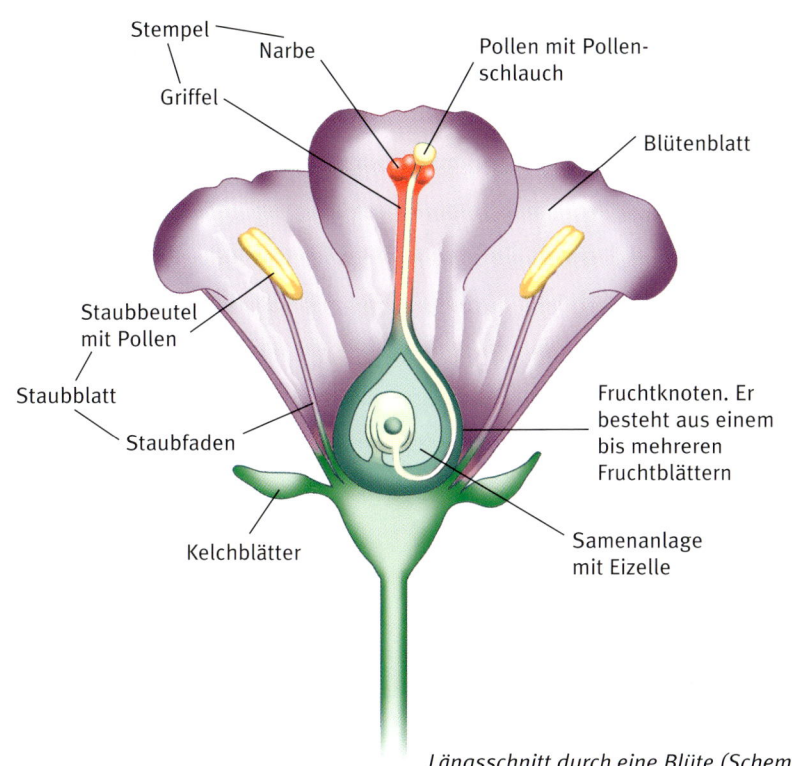

Längsschnitt durch eine Blüte (Schema)

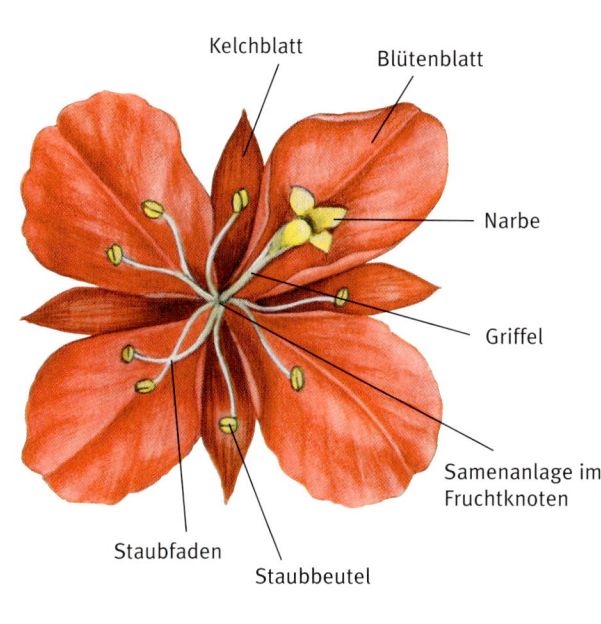

Blüte des Schmalblättrigen Weidenröschens

Die Blätter der Blütenpflanzen bestehen in der Regel aus dem Blattstiel und der Blattfläche. Mit dem Stiel sind sie am Stängel befestigt. Die Blattfläche ist von vielen Leitbündeln durchzogen und hat eine besonders wichtige Aufgabe:

Alle Pflanzen, auch wenn sie noch so verschieden sind, besitzen eine Fähigkeit, die sie von allen anderen Lebewesen unterscheidet. Sie können mithilfe der Sonne Nährstoffe selbst herstellen. In den Blattzellen befinden sich winzige so genannte Organellen, die Chloroplasten. Sie enthalten den grünen Blattfarbstoff Chlorophyll. Das Chlorophyll ist ein Pigment, das einen Teil des Sonnenlichts einfängt. Die Energie, die in diesem Sonnenlicht steckt wird von der Pflanze benutzt, um zusammen mit Kohlendioxid (aus der Luft) und Wasser (aus dem Boden) chemisch gebundene Energie in Form von Zucker herzustellen.

Als „Abfallprodukt" entsteht bei dieser Reaktion Sauerstoff, der über die Spaltöffnungen in die Luft abgegeben wird. Diese chemische Reaktion wird Fotosynthese genannt.

Der Zucker heißt Traubenzucker oder Glukose. Er wird als Stärke in der Pflanze gespeichert und ist sozusagen ihr Grundnahrungsmittel. Für Wachstum und Entwicklung wird der Traubenzucker unter Energiefreisetzung wieder in Wasser und Kohlendioxid gespalten, der Fachmann sagt veratmet oder verbrannt. Je mehr Blattfläche vorhanden ist, desto mehr Bodenwasser und Nährstoffe können verarbeitet werden, und entsprechend besser kommt das Wachstum voran.

Viele Pflanzen können die Stellung der Blätter verändern, sodass diese immer optimal das Sonnenlicht einfangen können. Der Feinbau der Blätter verrät oft schon, ob es sich um „Lichtblätter" handelt, die in den vollen Genuss der Sonnenstrahlen kommen, oder um tiefer sitzende Schattenblätter, die sich mit weniger Sonnenenergie begnügen müssen.

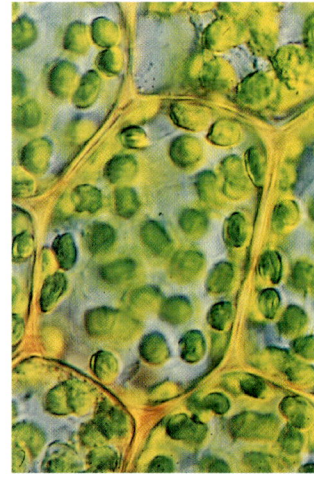

In den einzelnen Zellen eines Moosblättchens erkennt man kleine Kügelchen, die Chloroplasten. Sie enthalten den grünen Blattfarbstoff, das Chlorophyll.

BLATTVIELFALT

Blätter haben nicht nur die unterschiedlichsten Formen, sie haben auch viele Besonderheiten. Ein filzartiger Flaum auf der Unterseite schützt vor zu schneller Verdunstung an windigen Standorten und hält Insekten vom Fressen ab. Eine dicke Wachsschicht auf der Blattoberseite bewahrt vor Austrocknung bei starker Sonneneinstrahlung. Dornen an den Blatträndern der Kratzdistel schrecken viele Fressfeinde ab und die Stacheln der Heckenrose verhaken sich schmerzhaft in der Haut oder im Fell. Bei einigen Kletterpflanzen wie der Erbse sind manche Blätter zu Ranken umgewandelt.

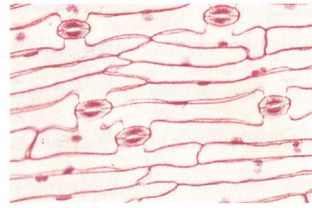

Auf der Blattunterseite befinden sich die Spaltöffnungen (ovale Zellen).

FOTOSYNTHESE

Sonnenlicht + Wasser + Kohlendioxid = Zucker + Sauerstoff

Sonnenlicht

Der grüne Farbstoff in den Blättern, das Chlorophyll, fängt das Sonnenlicht ein.

Der bei der Fotosynthese gebildete Zucker wird in alle Teile der Pflanze transportiert.

Sauerstoff wird als „Abfallprodukt" der Fotosynthese an die Luft abgegeben.

Über ein Leitungssystem wird Wasser aus den Wurzeln in die Blätter geführt.

Kohlendioxid wird aus der Luft aufgenommen.

PFLANZEN SIND LEBENS-WICHTIG

Sonnenlicht gibt es auf unserer Erde im Überfluss und nur grüne Lebewesen wie die Pflanzen und manche Bakterien können mithilfe der Sonnenenergie, Wasser und Kohlendioxid Glukose und Sauerstoff produzieren. Alle anderen Lebewesen ernähren sich entweder unmittelbar wie die Pflanzenfresser oder indirekt wie die Fleischfresser von Pflanzen. Und dabei veratmen sie den Sauerstoff aus der Luft. Ohne Pflanzen und die Fotosynthese gäbe es also auf unserer Erde kein Leben so wie wir es kennen.

Sie sind oft größer und dünner und verwelken als erste, wenn das Wasser knapp wird.

Die äußere Zellschicht des Blattes besitzt eine Menge kleiner Poren, die Spaltöffnungen. Sie sitzen meist auf der Blattunterseite und regulieren den Gasaustausch von Sauerstoff und Kohlendioxid und die Abgabe von Wasserdampf.

LOTUSEFFEKT

Die Lotusblüte gilt in den asiatischen Religionen als Symbol der Reinheit, da ihre Blätter sich auch aus schlammigem Wasser makellos rein entfalten. Nicht nur bei der Lotuspflanze, sondern auch zum Beispiel bei der Akelei, der Tulpe, aber auch bei Schmetterlingsflügeln kann man den so genannten Lotuseffekt beobachten. Ganz allgemein haben Oberflächen unterschiedliche Aufgaben wie Sicherung der Stabilität, Temperaturregelung oder wie in unserem Fall die Abwehr von Schmutz und Krankheitserregern. Die Blattoberfläche ist durch Mikrozellen und winzigste Wachskristalle so aufgeraut, dass alles Wasser abperlt und Schmutz oder Krankheitserreger wie Pilze mit abwäscht.

AUFBAU DES STÄNGELS

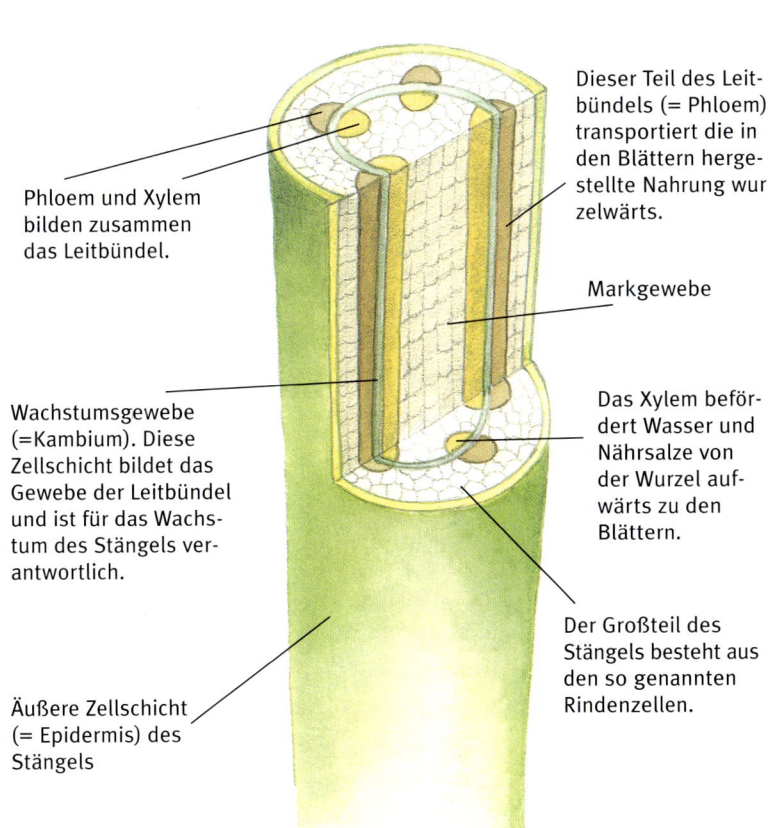

Phloem und Xylem bilden zusammen das Leitbündel.

Wachstumsgewebe (=Kambium). Diese Zellschicht bildet das Gewebe der Leitbündel und ist für das Wachstum des Stängels verantwortlich.

Äußere Zellschicht (= Epidermis) des Stängels

Dieser Teil des Leitbündels (= Phloem) transportiert die in den Blättern hergestellte Nahrung wurzelwärts.

Markgewebe

Das Xylem befördert Wasser und Nährsalze von der Wurzel aufwärts zu den Blättern.

Der Großteil des Stängels besteht aus den so genannten Rindenzellen.

Welche Aufgabe hat der Stängel?

Der Stängel muss fest aber auch flexibel genug sein, um der Pflanze das Wachstum in die Höhe zu ermöglichen. Als weitere Aufgabe muss er den Transport von Wasser, Mineralstoffen und Nährstoffen zwischen der Wurzel und der Blüte und den Blättern garantieren.

Dementsprechend gibt es im Stängel zum einen das Stützgewebe für die Festigkeit, zum anderen lang gestreckte „Rohre", die meist zu mehreren nebeneinander verlaufen und als Leitbündel bezeichnet werden. Sie durchziehen den Spross und verbinden die Wurzel mit den Blättern und Blüten, wo das Wasser und die Nährstoffe für die unterschiedlichsten Stoffwechselvorgänge gebraucht wird.

Welche Aufgabe erfüllen die Wurzeln?

Ohne Zufuhr von Wasser kann keine Pflanze leben. Das Samenkorn in der Erde muss, bevor es auskeimen kann, erst einmal quellen, das heißt Wasser aufnehmen. Dann bricht als erstes die Wurzel hervor und bohrt sich tief ein. Bevor man überhaupt etwas von der jungen Pflanze zu sehen bekommt, verankert sie sich im Untergrund. Wenn dann die ersten Blätter erscheinen, bereitet es schon einige Mühe das junge Pflänzchen herauszuziehen.

Die Wurzeln wachsen immer weiter und lockern dadurch auch den Boden. Als Spitze des „Bohrers" dient dabei die so genannte Wurzelhaube. Junge, funktionstüchtige Wurzeln sind mit einem dichten Filz von Härchen besetzt, die aus dem Boden die Feuchtigkeit aufnehmen und an die Hauptwurzel weiterleiten.

Wenn der Boden nur wenig Wasser hergibt, muss das Wurzelsystem weit verzweigt sein. Breitet es sich dich unter der Oberfläche aus, so spricht man von Flachwurzlern. Die Fichte gehört dazu: Wenn sie vom Wind geworfen wird, ragt oft eine erstaunlich große Erdscheibe in die Luft. Eiche und Kiefer haben dagegen eine tief reichende so genannte Pfahlwurzel. Damit kann auch Grundwasser in größeren Tiefen erreicht werden.

WASSERLEITUNG IM STÄNGEL – EIN VERSUCH

Stoffaufnahme und -transport sind grundlegende Lebensvoraussetzungen für jeden Organismus. Dass dies auch für unsere Blütenpflanzen gilt, kann man ganz einfach nachweisen. Man braucht dazu nur einen Stangensellerie, rote und blaue Tinte (verdünnt zu einem Teil Tinte und zwei Teilen Wasser) und zwei Gläser. Der Stangensellerie wird der Länge nach zur Hälfte aufgeschnitten. Die zwei Enden werden jeweils in ein Glas mit roter oder blauer Tinte getaucht. Nach etwa 15 Minuten sind ein Teil der Blätter rötlich und ein Teil bläulich gefärbt. Der Versuch zeigt, dass der Stängel in seinen Leitbündeln Wasser nach oben zu den Blättern transportiert.

AUFBAU DER WURZEL

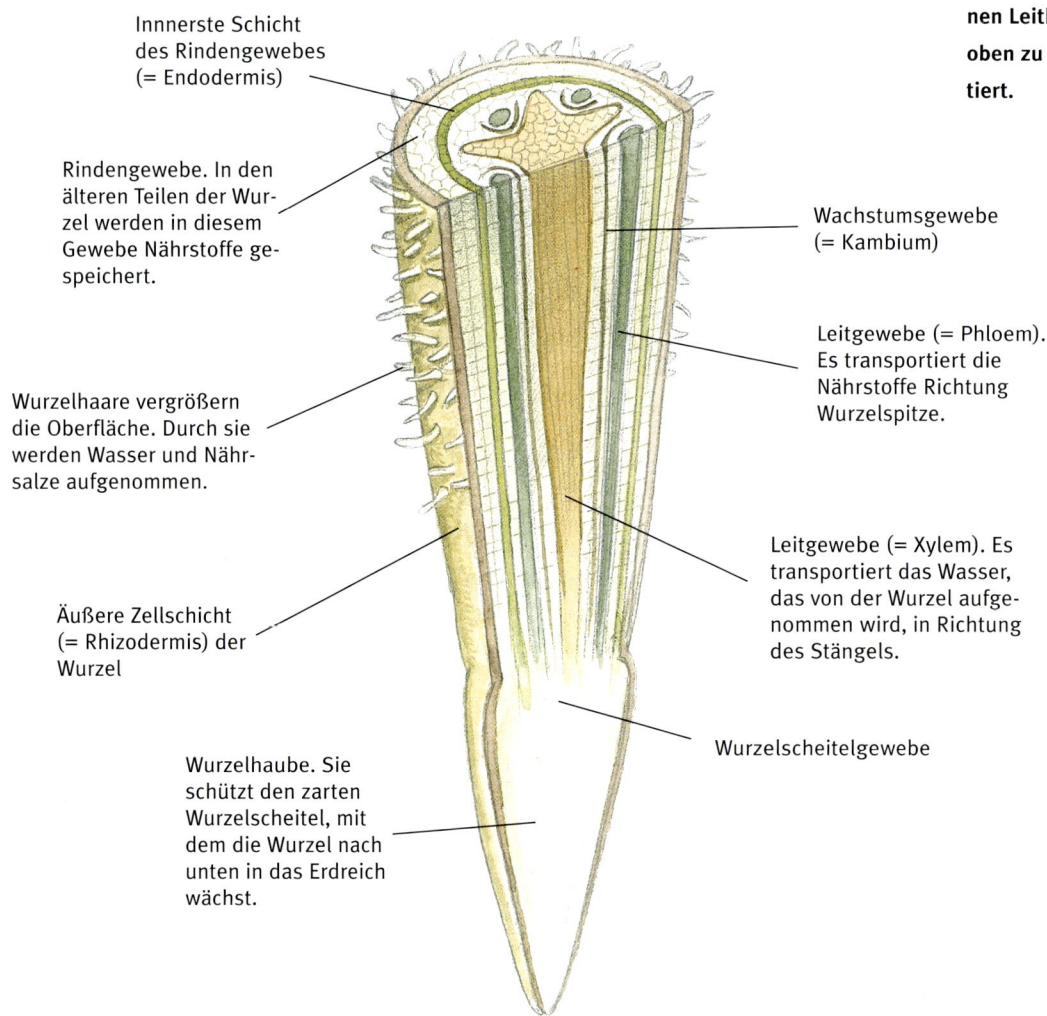

Innnerste Schicht des Rindengewebes (= Endodermis)

Rindengewebe. In den älteren Teilen der Wurzel werden in diesem Gewebe Nährstoffe gespeichert.

Wurzelhaare vergrößern die Oberfläche. Durch sie werden Wasser und Nährsalze aufgenommen.

Äußere Zellschicht (= Rhizodermis) der Wurzel

Wurzelhaube. Sie schützt den zarten Wurzelscheitel, mit dem die Wurzel nach unten in das Erdreich wächst.

Wachstumsgewebe (= Kambium)

Leitgewebe (= Phloem). Es transportiert die Nährstoffe Richtung Wurzelspitze.

Leitgewebe (= Xylem). Es transportiert das Wasser, das von der Wurzel aufgenommen wird, in Richtung des Stängels.

Wurzelscheitelgewebe

Gewürzkräuter

Die Verwendung von Kräutern zum Würzen der

Speisen gibt es schon seit Menschengedenken. Bereits in Pfahlbauten der Jungsteinzeit (ab dem 9. Jahrtausend v. Chr.) fand man Reste von Mohn und Kümmel, die sicherlich von Wildpflanzen stammten. Auch in der Antike wurden Speisen zum Beispiel durch Liebstöckel, Thymian oder Salbei verfeinert. In Europa legten Mönche die ersten Gärten für Gewürze und Heilkräuter an. Sie verbesserten nicht nur den Anbau, sondern erwarben auch ein unschätzbares Wissen über die Wirkung der einzelnen Pflanzen. Welche Bedeutung die Kräuter hatten, kann man auch daran sehen, dass Kaiser Karl der Große in einer Verordnung für seine Landgüter 812 n. Chr. anwies, welche Pflanzen angebaut werden sollten. Das waren unter anderem Petersilie, Schnittlauch, Dill, Bohnenkraut, Liebstöckel und Salbei.

Die Kräuterspirale, ein in Stein gefasstes, gewendeltes Kräuterbeet, erfüllt die unterschiedlichsten Standortansprüche.

Heute hat fast jeder die Möglichkeit

sich im Garten, auf dem Balkon oder der Fensterbank einen eigenen kleinen Kräutergarten anzulegen. Wichtig ist dabei vor allem eines: Die Pflanzen brauchen es möglichst warm und sonnig, da die meisten Arten aus dem Süden stammen.

Die würzenden Wirkstoffe werden von den Pflanzen häufig in den Blättern eingelagert. Der beste Zeitpunkt die Blätter zu ernten ist vor der Blüte. Manche wie Basilikum und Dill sollte man frisch verzehren, weil sie beim Trocknen viel Aroma verlieren. Andere wie Thymian oder Salbei sind auch im getrockneten Zustand sehr würzig.

Wer mehr über den Bau einer Kräuterspirale, über Küchenkräuter, ihre Anzucht, Verwendung und das Haltbarmachen wissen will, findet dazu jede Menge Fachbücher.

Bohnenkraut (kochen): Blätter und Triebe (frisch, getrocknet) zu Suppen und Salaten

Gewöhnlicher Liebstöckel: Blätter als Suppengewürz mitkochen.

Dill: Frische Blätter zum Einmachen von Essiggurken, für Salate und Fischgerichte

Schnittlauch (nicht kochen): für Salate, Eierspeisen und Suppen

Petersilie: Blätter (frisch, getrocknet) zu Suppengrün, Salaten, für Fleisch und Fischgerichte

Echter Gartensalbei: Frische oder getrocknete Blätter werden in kleinen Mengen zu Speisen wie Schnitzel, Fisch, Salaten, Saucen und Käse verwendet.

Lebensraum Acker

Ackerbau gibt es in Mitteleuropa nachweislich seit

DER ACKER ALS EINWANDERUNGSLAND

der Jungsteinzeit, also vor ungefähr 5000 bis 6000 Jahren. Ebenso alt sind manche Ackerwildkräuter. Einige stammen aus unserer heimischen Wildflora wie zum Beispiel der Vogelknöterich, die Melde, die Vogelmiere und die Ackerminze. Andere wurden mit den frühen Kulturpflanzen aus Vorderasien oder dem Mittelmeerraum eingeschleppt. Dazu gehören unter anderem die Kornblume, die Kornrade, die Echte Kamille oder verschiedene Mohnarten.

Andere Arten wie Franzosenkraut oder der Persische Ehrenpreis sind erst in den letzten hundert Jahren zum Beispiel aus botanischen Gärten entkommen und in unsere Felder eingewandert.

Im Gegensatz zu unseren Wiesen und Wäldern, wo wir bis heute kaum Einwanderer finden können, bieten die Äcker Raum für „Fremdlinge".

Der Lebenslauf der Ackerwildkräuter ist

GETREIDEFELD

besonders vielgestaltig. Sie müssen sich den Kulturpflanzen anpassen, zwischen denen sie vorkommen. Der Klatschmohn zum Beispiel ist ein Wildkraut der Getreidefelder. Die auffälligen Blüten der einjährigen Blume locken Bienen, Fliegen und Käfer an, denen sie Pollen als Nahrung anbieten. Es ist wichtig, dass die Mohnkapseln zur gleichen Zeit reifen wie das Getreide. Wenn der Wind sie hin und her schaukelt, werden wie aus einer Streudose die kleinen runden Samenkörper verbreitet.

Das Ackerstiefmütterchen ist Nektarpflanze für Bienen und Fraßpflanze für Raupen.

Auf Kartoffel- und Rübenäckern wird

KARTOFFEL- UND RÜBENACKER

den Wildkräutern durch häufiges Hacken und Spritzen mit Hebiziden das Leben schwer gemacht. Hier kann sich zum Beispiel der Huflattich behaupten, da er ein tief reichendes Wurzelsystem hat, aus dem er immer wieder austreiben kann. Es gibt auch eine Reihe von einjährigen Samenwildkräutern, die rasch wachsen und über lange Zeit hin, auch noch spät im Jahr, blühen. Vogelmiere und Hirtentäschelkraut sind solche unermüdlichen Blüher, aber auch das Ackerstiefmüt-

terchen und die Rote Taubnessel sind zählebig genug, um auch wenn es schon kühler wird, zur Samenreife zu gelangen.

Ackerwildkräuter wurden schon immer

ARTEN IN GEFAHR

als „Unkräuter" bekämpft. Inzwischen werden einige wie die Kornrade bereits in der Roten Liste als gefährdete, wenn nicht schon als vom Aussterben bedrohte Arten geführt.

Oben: Die Ackerwinde ist beliebt bei Fliegen und Bienen und wird von verschiedenen Raupenarten gefressen.
Unten: Auch die Ackergänsedistel wird von Bienen gerne besucht.

Vermehrung und Keimung

1 Der Pollen ist wegen seines Eiweiß-reichtums das wertvollste Futter für viele Insekten. Käfer sammeln Pollen nur für ihren eigenen Magen. Bienen dagegen fliegen den Pollen in den Bienenstock, wo er für das ganze Bienenvolk als Nahrungsvorrat in die Waben eingelagert wird. Die meisten insektenbestäubten Pflanzen belohnen ihre Besucher zusätzlich mit Nektar. Was hier nach großzügigem Ausschank klingt, ist nichts weiter als Zucker, der bei der Fotosynthese entsteht. Der Zuckersaft wird von Drüsen abgegeben, *3* die meist am Blütengrund sitzen. Bei langen röhrenförmigen Blüten müssen sich die Insekten so auf alle Fälle an den Staubbeuteln vorbeipressen, um an den Nektar zu gelangen. Auf diese Weise werden sie mit Pollen eingepudert.

4

Pollen verschiedener Wildblumen:
1 Wiesenschaumkraut
2 Löwenzahn
3 Flockenblume
4 Heidekraut

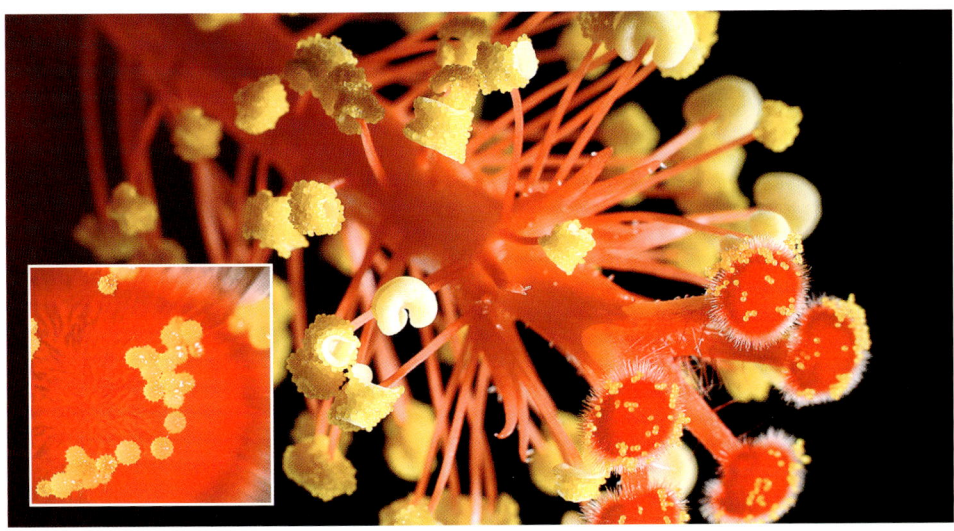

Hibiskusblüte: Die fünfgliedrige Narbe ist bestäubt und voller Pollen. Bis auf einige wenige (siehe zum Beispiel Bildmitte) sind alle Staub-beutel reif und bereits aufgeplatzt. Das kleine Bild zeigt einen Narbenteil mit den stacheligen Pollen in Vergrößerung.

Welche Aufgabe hat die Blüte?

Wir freuen uns über Schneeglöckchen und Winterling, weil sie bereits im Januar das Ende des Winters und den kommenden Frühling ankündigen. Wir genießen den Anblick einer bunten Frühsommerwiese und lassen uns sogar per Busreise zur Tulpenblüte nach Holland chauffieren. Wozu dient aber der ganze Aufwand der Blumen? Sicherlich nicht, um die Welt für uns bunter zu gestalten.

Die Blütenvielfalt mit ihren teils leuchtenden Farben hat sich im Laufe der Entwicklungsgeschichte (Evolution) über Jahrmillionen entwickelt allein mit dem Ziel, die Fortpflanzung der Arten zu sichern. Wissenschaftlich ausgedrückt geht es also darum, dass weibliche und männliche Geschlechtszellen möglichst sicher zueinander finden. Das bedeutet, der (männliche) Pollen aus den Staubbeuteln muss auf die (weibliche) Narbe gelangen. Auch wenn in einer Blüte Staubbeutel und Narbe nahe beieinander stehen, sind die Pflanzen bestrebt, eine Selbstbestäubung, also eine Übertragung des Pollens direkt auf die Narbe der selben Blüte, zu vermeiden.

Wie unterscheiden sich geschlechliche und ungeschlechliche Fortpflanzung?

Die geschlechtliche Fortpflanzung ist dann von Vorteil, wenn die Narbe von Pollen einer anderen Blume der selben Art bestäubt wird. In diesem Fall durchmischt sich das Erbgut von der Mutter und vom Vater. Es entsteht ein ganz neues Lebewesen mit neuen Eigenschaften, die es ihm vielleicht ermöglichen, sich der veränderten Umwelt besser anzupassen. Ein weiterer wichtiger Vorteil besteht in der Entstehung von Früchten und Samen. Der Samen kann weit transportiert werden und die Pflanze kann neue Standorte erobern.

Viele Pflanzen haben zusätzlich Methoden zur ungeschlechtlichen Fortpflanzung entwickelt. Erdbeerpflanzen bilden nach dem Fruchten Ausläufer, die zu eigenständigen Pflänzchen heranwachsen. Tulpenzwiebeln treiben jedes Jahr Tochterzwiebeln aus und bei manchen Pflanzen können sogar abgefallene Blätter und Sprosse Wurzeln bilden.

Der große Vorteil ist, dass eine erfolgreiche Art sich an ihrem Standort gut behaupten kann. Der Nachteil der ungeschlechtlichen Fortpflanzung ist, dass die Tochterpflanzen das gleiche Erbgut und damit die gleichen Eigenschaften wie die Mutterpflanzen besitzen. Verändern sich die Lebensbedingungen am Standort, können sie sich meist nicht anpassen.

Wie lockt die Blume Bestäuber an?

Damit Tiere als Bestäuber tätig werden, muss die Pflanze ihnen etwas bieten. Reichlich gebildeter Pollen ist zum Beispiel für Käfer interessant. Während sie auf der Blüte von typischen Pollenblumen wie Mohn, Rose und Anemone umherkrabbeln und den Pollen fressen, werden sie regelrecht von ihm eingepudert.

Ein Rosenkäfer ist mit Pollen eingepudert.

Bienen streifen den Pollen, der an ihrem Körper haftet, in so genannte Körbchen an den Hinterbeinen. Schwer beladen fliegen sie dann in den Bienenstock zurück.

Blüten, die Nektar anbieten, können bei der Pollenproduktion sparsamer sein. Hier müssen die Bestäuber häufig über entsprechend lange Saugrüssel verfügen, um am Grund von langen Blütenröhren an den süßen Nektar zu gelangen.

Um den Bestäuber anzulocken, setzen die Blumen verschiedene Formen, Farben und Düfte ein. Was die Vielzahl der Wildblumen für uns so attraktiv macht, ist also durchaus als „Werbung" zu verstehen.

HEUSCHNUPFEN

Heuschnupfen ist eine allergische Erkrankung. Der Betroffene hat eine Überempfindlichkeit gegen Pollen bestimmter Blütenpflanzen, Gräser oder Bäume. Sein Immunsystem reagiert auf diese Pollen, als ob es gefährliche Stoffe seien, die man abwehren müsste. Die häufigsten Folgen sind Erkrankungen der Atemwege und der Augenbindehaut. Die Pollenvorhersage (Radio oder Zeitungen) und der Pollenflugkalender informieren, welche Pollen gerade „unterwegs" sind.

VERSCHIEDENE BLÜHPHASEN SICHERN DIE FREMDBESTÄUBUNG

Männliche Blühphase

Weibliche Blühphase

Die Blüte des Schmalblättrigen Weidenröschens kann zwei Blühphasen durchlaufen. In der männlichen sind nur die Staubbeutel reif, während die Narbe noch geschlossen ist. In der weiblichen Phase sind die Staubbeutel schlaff nach unten gesenkt, dagegen ist die Narbe jetzt reif und öffnet nach oben ihre vier Äste. Da die Staubbeutel alt und leer sind, kann kein eigener Pollen mehr auf die Narbe übertragen werden.

Der Salbei hat sich einen besonders raffinierten Trick einfallen lassen, um eine Fremdbestäubung zu sichern. Die Unterlippe der Blüte ist ein guter Landeplatz für Hummeln. Bei der noch jungen Blüte sind die Staubblätter in der Oberlippe verborgen, die Narbe lugt wie eine Schlangenzunge hervor. Wenn eine Hummel ihren Kopf tief in die Blütenröhre bohrt, um an den Nektar zu kommen, drückt sie gegen einen Hebel, der die Staubbeutel nach unten drückt. Wie zwei kleine Hämmerchen hauen sie dem Besucher eine Ladung Pollen auf den Rücken. In älteren Blüten verwelken die Staubblätter und die Narbe hängt weiter nach unten. Besucht die Hummel diese Blüte streift sie den Pollen an der Narbe ab.

Narbe

Narbe

Oberlippe

Ältere Blüte

Staubbeutel

Junge Blüte

Unterlippe

Wie wird die Fremdbestäubung der Blüten gefördert?

Dass der richtige Pollen zur richtigen Zeit auf die reifen Narben gelangt, ist zum Teil auch einer Eigenschaft der Bienen und Hummeln zu verdanken. Sie sind „blütenstet", das heißt, sie konzentrieren sich bei ihrer Nahrungssuche für eine Weile auf jeweils einen Blütentyp, der ihnen gerade besonders ertragreich erscheint.

Während das Insekt auf der Blüte sitzt und frisst, bleibt der Pollen häufig an ganz bestimmten Stellen wie Kopf oder Hinterleib haften. Fliegt das Insekt die nächste Blüte an, dann liegt die Narbe gerade so, dass sie gut den Pollen vom Insektenkörper aufnehmen kann.

Das Zusammenspiel zwischen Insekt und Blüte ist eine der eindrucksvollsten Anpassungserscheinungen in der Natur.

Damit eine Blüte Früchte und Samen bilden kann, muss zuerst der Pollen auf dem oberen Teil der Fruchtblätter, der so genannten Narbe, landen. Sie ist meist ein bisschen klebrig, sodass der Pollen besser auf ihr haften kann. Den Vorgang nennt man Bestäubung.

Der Pollen keimt aus und bildet einen Pollenschlauch. Dieser wächst durch die Fruchtblätter bis zur Samenanlage. Dort verschmilzt eine männliche Zelle des Pollens mit der Eizelle der Samenanlage. Diesen Schritt bezeichnen wir als Befruchtung.

Nach der Befruchtung reifen die Fruchtblätter zur Frucht heran. Aus der innen gelegenen Samenanlage entwickeln sich ein oder mehrere Samen. In jedem Samen liegt geschützt ein kleiner Pflanzenembryo und die so genannten Keimblätter. Diese enthalten gespeicherte Nährstoffe, die der Samen später zum Auskeimen benötigt

Landet ein Pollen auf einer fremden Blumenart, entwickelt sich kein Pollenschlauch und es findet keine Befruchtung statt.

Die Blüte

Die Frucht

Der Samen

Samen, die durch Wind verbreitet werden, müssen klein und relativ leicht sein wie die Samen von Orchideen, verschiedener Mohnarten und der Königskerze. Größere Samen oder Früchte brauchen Anhängsel, die die Sinkgeschwindigkeit beim Fliegen deutlich herabsetzen. Eine einfache Methode sind lange Haare wie beim Weidenröschen oder der Baumwolle. Fallschirmartige Fluganhängsel wie beim Löwenzahn geben dazu bei Wind einen guten Auftrieb.

MIT DEM WIND REISEN

Links: Löwenzahnsamen sind gute Gleiter.
Unten: Mohnsamen ist so klein, dass der Wind sie leicht ein paar Meter transportieren kann.

Klettenartige Früchte gibt es in verschiedenen Pflanzenfamilien. Sie sind mit Stacheln und Widerhaken ausgerüstet, die sich leicht an einem vorbeistreifenden Tier festsetzen. Bei den Kletten ist es der ganze Fruchtstand, der sich mit hakenförmigen Spitzen festsetzt. Wer am Wasser entlang geht, wird an den Hosenbeinen Früchte des Zweizahns finden, die besonders schwer zu entfernen sind. Wie kleine grüne Läuse bedecken die Früchte des Hexenkrauts, des Labkrauts, von Odermennig sowie des Echten Nelkenwurz die Beinkleider des Waldspaziergängers. Aber auch Früchte der wilden Möhre und des Klettenkerbels besitzen Haken oder Borsten.

Sieh dir den Klettverschluss an deiner Jacke oder deinen Schuhen einmal genauer an. Auch er hat wie die klettenartigen Früchte kleine Widerhaken. Hier hat der Erfinder einfach die Natur kopiert!

ANHÄNGLICHKEIT WIRD BELOHNT

Die Klettfrucht hat winzige Widerhaken.

Die Früchte des Odermennig haben kleine Stacheln.

Einige Pflanzen katapultieren ihre Samen regelrecht weg. Der Mechanismus ist einfach. Während der Samenbehälter reift, treten starke Spannungen auf. Wenn dann der Behälter an vorbestimmten Stellen aufplatzt, werden die Samen wie zum Beispiel beim Wiesenstorchschnabel herausgeschleudert. Bei manchen Pflanzen wie dem Springkraut stehen die Samenbehälter so unter Spannung, dass schon eine leichte Berührung eines Regentropfens, eines Tieres oder nur der Wind reicht, um die Samen herauszuschleudern.

EXPLOSIONSGEFAHR

Die Früchte des Springkrautes noch geschlossen (links) und geöffnet (rechts).

WER IST DER SCHNELLSTE?

Ein kleiner Sämling kann sich gegen die Konkurrenz einer ausgewachsenen Pflanze, auch der Mutterpflanze, nicht durchsetzen. Deshalb müssen die Samen möglichst weit transportiert werden, um günstige Keim- und Wachstumsbedingungen zu finden. Ein Kahlschlag im Nadelwald ist da wie ein Sonderangebot. Jetzt muss es sich zeigen, welche Arten mit ihren Samen am schnellsten die Chance zur Keimung nutzen. Hier sind Blumen im Vorteil, deren Früchte vom Wind verbreitet werden. Man muss auch annehmen, dass viele Samen schon im Waldboden vorhanden sind und nur auf geeignete Bedingungen warten, um zu keimen.

SAMENRUHE

Viele Samen keimen nicht sofort aus, sondern warten bis der kalte Winter vorbei ist. In Trockengebieten können die Samen mehrere Jahre ruhen und keimen erst, wenn es regnet. Diese Samenruhe ist eine Voraussetzung, ungünstige Bedingungen zu überdauern. Häufig brauchen Samen einen bestimmten Reiz als Auslöser zur Keimung. Andauernde Kälte mit anschließend ansteigenden Temperaturen sagt den Samen „der Winter ist vorbei, der Frühling kommt". Licht gibt die Meldung „keine Beschattung" oder „du steckst genau richtig in der Erde".

Drosseln fressen gerne Hagebutten, die Früchte der Heckenrose.

Um Vögel zur Samenverbreitung zu veranlassen, muss die Pflanze in der Regel Futter bieten. Bekanntlich fressen Stare gern Kirschen. Ähnlich sind viele andere saftige Früchte bei verschiedenen Vogelarten begehrt. Sie scheiden nach kurzer Zeit die in der Frucht enthaltende Samen unbeschädigt wieder aus.

Drosseln sind hierbei besonders aktiv. Auffällig rot, gelb oder glänzend schwarz gefärbte Früchte locken zum Verzehr. Holunder und Liguster, Brombeere und Tollkirsche verschaffen so ihren Samen „Flügel".

Noch ein Tier trägt zur Verbreitung von Samen bei, die Ameise. Samen von Veilchen und Lerchensporn haben eiweiß- und zuckerhaltige Anhängsel, die ausschließlich von Ameisen sehr gerne gefressen werden. Der Samen bleibt häufig schon während des Transports zum Nest irgendwo unbeschädigt liegen, weil seine Schale zu hart für die Kiefer der Ameisen ist.

LECKERE ANHÄNGSEL LOCKEN

Die Samen der Christrose haben nahrhafte Anhängsel, die Ameisen anlocken.

AUS DEM SAMEN ENTSTEHT DER KEIMLING

Um auskeimen zu können, benötigt der Samen (1) genügend Wasser zum Quellen. Stimmt auch die Umgebungstemperatur beginnt der Stoffwechsel und der Embryo zwischen den zwei so genannten Keimblättern kann wachsen (2). Zuerst schiebt sich die Keimwurzel in den Boden. Sie verankert den Samen und führt dem Keimling Wasser und Mineralstoffe zu. Dann beginnt die Sprossachse zu wachsen. Um die empfindliche Knospe an der Sprossspitze nicht zu beschädigen – aus ihr wächst die Pflanze heran – ist die Sprossachse meist nach unten gekrümmt. Der Haken durchstößt zuerst das Erdreich, die Knospe wird nicht verletzt (3). Die Keimblätter enthalten viel Stärke und versorgen den Keimling mit Nahrung (4). Sobald die ersten Blätter Sonnenlicht aufnehmen, kann die Pflanze Fotosynthese betreiben und sich selbst ernähren. Die Keimblätter sterben langsam ab (5).

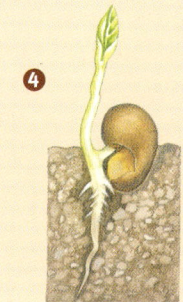
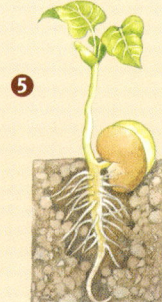

Lebensraum Hochgebirge

Auf den Höhen der Alpen vollzieht sich

EXTREMER STANDORT

der Übergang der Jahreszeiten sehr schnell. Auf einen sehr langen Winter folgt nach der Schneeschmelze etwa Ende Juni rasch Frühling, Sommer und Herbst. Die Pflanzen haben für Blühen, Wachstum und Samenbildung nur zwei bis drei Monate Zeit. Die Blütenpracht während der wenigen schneefreien Monate ist deshalb konzentriert und eindrucksvoll.

Die Pflanzen des Hochgebirges müssen aber noch mehr aushalten. Gerade im Frühjahr oder Herbst kann die Temperatur zwischen Tag und Nacht stark schwanken. Scheint die Sonne, heizt sie den Boden und die Pflanze bis zu 40 Grad Celsius auf. In der Nacht fällt die Temperatur unter den Gefrierpunkt.

Auch ist in den Bergen nicht immer schönes Wetter. Die Pflanzen müssen versuchen trotz schlechtem Wetter mit starker Bewölkung genug Fotosynthese zu betreiben.

Das Hochgebirge fordert von den Pflanzen also eine besonders gute Angepasstheit an das Wetter, die Temperatur, das Wasserangebot, aber auch an die Bodengegebenheiten, an Wind und ultraviolette Strahlung.

Für den Botaniker sind die Alpen ein besonderes Erlebnis. Hier scheint alles leuchtender, farbiger zu blühen, und es gibt mehr Gebiete, die nicht vom Menschen beeinflusst werden. So ist der Aufstieg in die Höhe der Berge zwar mühsam, aber allemal lohnend.

Wenn wir den Laub- und den Nadelwald hinter uns

OBERHALB DER BAUMGRENZE

lassen, sind die Kräuter und Stauden dem vollen Sonnenlicht ausgesetzt, und das zeigen sie in ihren kräftigen Farben.

Oberhalb der Baumgrenze ist das eigentliche Reich der Alpenblumen. Hier bieten Arnika und Bärtige Glockenblume, Schwefelanemone und Rostrote Alpenrose leuchtende Farbtupfer. Sie treten oft zusammen auf, denn sie alle meiden den Kalk. Die kalkreichen Matten schmücken dagegen im Hochsommer zum Beispiel der Gelbe Enzian, die Alpenanemone und die Behaarte Alpenrose. Da die Bodenschicht sehr dünn ist, wird sie von dem Gestein darunter chemisch stark beeinflusst. So finden wir immer entweder kalkliebende oder kalkmeidende Pflanzengesellschaften. Entscheidend für das Überleben im Hochgebirge ist außerdem das Nährstoffangebot. Wo reichlich Feuchtigkeit, Humus und volles Licht zur Verfügung stehen, kann sich eine üppige Hochstaudenvegetation entwickeln. Hier finden wir den Alpendost, den Alpenmilchlattich, seltener schon die Türkenbundlilie. Wo Nährstoffe knapp sind, in alpinen Mooren, ergänzt das Alpenfettkraut seine Nährstoffe durch Insektenfang – aus demselben Grund wie der Sonnentau.

Es ist immer wieder erstaunlich, mit

ÜBERLEBENSKÜNSTLER

welcher zähen Kraft sich Pflanzen behaupten können, wo scheinbar kein Boden vorhanden ist. Aus Felsspalten, ja sogar aus lockerem Geröll, leuchten uns noch die schönsten Blüten entgegen, etwa das Alpenleinkraut oder die Großblütige Gemswurz. Ausgesprochene Felsbewohner wie Arten des Mannsschild sind meist polsterförmig, um dem Wind und der Austrocknung zu widerstehen. Ganz klar: Dies ist die gleiche „igelartige" Wuchsform, wie wir sie bei vielen Steppenpflanzen finden, die auch mit der Trockenheit zu kämpfen haben.

Alpendost

Arnika

Bärtige Glockenblume

Alpenleinkraut

Großblütige Gemswurz

Mannssschild

Behaarte Alpenrose

Gelber Enzian

Alpenfettkraut

Heilpflanzen

GESUND ODER GIFTIG?

Warum stehen Heil- und Giftpflanzen gemeinsam auf einer Doppelseite? Sind das nicht zwei völlig verschiedene Pflanzengruppen? Streng genommen kann man Heil- und Giftpflanzen nicht getrennt behandeln. Häufig entscheidet nur die Dosis, also die Menge der eingesetzten Inhaltsstoffe oder die Art ihrer Anwendung, über die heilende oder schädigende Wirkung. Und die richtige Dosis kann nur ein Fachmann bestimmen. Eigenversuche können tödlich enden!

In der Schweiz sammeln Nonnen Heilpflanzen für selbst erzeugte Arzneien.

URALTES WISSEN

Wie wir bereits aus dem Kapitel „Gewürzkräuter" wissen, ist die Kenntnis über die heilende Wirkung von Pflanzen uralt und aus vielen Hochkulturen wie zum Beispiel der Inder, Chinesen oder Ägypter bekannt.

Die spätere Klostermedizin des Mittelalters gründete sich auf antike Überlieferungen, germanisch-keltisches Heilwissen, Volksüberlieferungen und eigene

Ringelblume: Inhaltsstoffe der Blüten in Salben, entzündungshemmend

Erfahrungen. Aus dieser Zeit stammen auch volkstümliche Pflanzenbezeichnungen wie zum Beispiel Lungenkraut (hilft gegen Lungenleiden) oder Frauenmantel (heilt Frauenleiden). Meist konnten nur Mönche zu dieser Zeit lesen und schreiben und die gesammelten Erkenntnisse in Büchern zusammenfassen.

Erst durch die Erfindung des Buchdruckes und die Bildung des Bürgertums – jetzt konnte auch ein großer Teil der Bevölkerung lesen und schreiben – wurde das Wissen um die Heilkräuter auch den Bürgern zugänglich.

Die Naturheilkunde war lange Zeit die Hauptgrundlage unseres medizinischen

Wissens. Erst seit dem 19. Jahrhundert kam die so genannte Klassische Medizin dazu.

GEGEN JEDE KRANKHEIT IST EIN KRAUT GEWACHSEN

Heilkräuter können Krankheiten vorbeugen, Leiden mildern, Leistungsfähigkeit erhalten und Genesungsvorgänge unterstützen. Sie haben beispielsweise eine heilende Wirkung auf erkrankte Atemwege (Spitzwegerich, Thymian), helfen bei Magen-Darm-Beschwerden (Fenchel, Kamille, Pfefferminze) oder

Echte Kamille: Wirkstoffe in Blütenköpfchen, allgemein entzündungshemmend

werden bei Leiden des Bewegungsapparates (Brennnesesel, Ringelblume) angewendet.

Pfefferminze: Inhaltsstoffe der Blätter krampflösend bei Magenbeschwerden

Echter Thymian: Kraut enthält keimtötende Wirkstoffe, bei Husten, als Magenmittel

Wer mehr zu diesem Thema wissen will, findet in jeder Apotheke einen sachkundigen Gesprächspartner und Informationen in Fachbüchern.

Echter Fenchel: Wirkstoffe der Früchte bei Verdauungsstörungen, schleimlösend bei Husten

Spitzwegerich: Inhaltsstoffe der Blätter reizlindernd, antibakteriell, bei Erkrankung der Luftwege

Giftpflanzen

Warum stellen Giftpflanzen besondere

Inhaltsstoffe her, die mit ihrem normalen Stoffwechsel eigentlich nichts zu tun haben? Aus dem gleichen Grund wie andere Pflanzen Stacheln oder Dornen ausbilden oder sich eine dicke Rinde zulegen. Die Inhaltsstoffe, die sich im Gewebe der Pflanze befinden, sind ein Abwehrmechanismus gegen Bakterien- oder Virenbefall oder gegen Fraßfeinde. Sie können bitter oder scharf schmecken oder eben giftig sein.

Pflanzen, die man nicht kennt, sollte man daher weder anfassen noch Blätter, Blüten oder Früchte abreißen, keinesfalls Teile davon in dem Mund stecken und Haut- und Augenkontakt vermeiden.

Alle hier vorgestellten Wildblumen

sind sehr giftig und in der Regel ist in allen Pflanzenteilen das Gift vorhanden. Diese Pflanzen können schwerste Vergiftungen hervorrufen. Hat man versehentlich ein Pflanzenteil verschluckt oder ist mit einem in Berührung gekommen und zeigen sich gar erste Vergiftungserscheinungen, sollte man sofort einen Notarzt rufen oder in das nächste Krankenhaus fahren. Hilfe findet man auch bei den Giftnotrufzentralen, die es in jedem Bundesland gibt.

Wir sollten nicht vergessen, dass manche dieser Wildblumen auch in den Gärten vorkommen, und dass es noch weitere giftige Wild- und Gartenpflanzen gibt, die wir hier allerdings nicht zeigen können.

Maiglöckchen: Blüten, Blätter, Beeren verursachen Übelkeit bis zum Erbrechen. Vorsicht: Blätter werden mit dem essbaren Bärlauch verwechselt.

Herbstzeitlose: alle Teile der Pflanze sehr giftig. Vergiftungserscheinungen setzen erst nach 2-6 Stunden ein. Lebensgefahr! Verwechslung mit Bärlauch möglich.

NICHT GIFTIG!

Bärlauch: Würz- und Heilpflanze, die sich durch ihren knoblauchartigen Geruch gut von Herbstzeitlose und Maiglöckchen unterscheiden lässt.

Um den Riesenbärenklau (Herkulesstaude) sollte man einen großen Bogen machen. Giftig ist die ganze Pflanze, besonders aber der Saft. Bei Berührung der Pflanze oder Kontakt mit ihrem Saft und gleichzeitiger Sonneneinwirkung kommt es zu stark juckenden Hautentzündungen mit starker Blasenbildung. Die Hautveränderungen gleichen Verbrennungen dritten Grades. Sie heilen erst nach Wochen unter Narbenbildung ab. Da der Riesenbärenklau auch in Gärten vorkommt, sollte man aufpassen, den Saft nicht beim Rasenmähen zu versprühen.

Blauer Eisenhut: Die ganze Pflanze ist schon bei Hautkontakt hochgiftig, Lebensgefahr bei Verschlucken kleinster Mengen.

Tollkirsche: Alle Pflanzenteile sind in kleinen Mengen bereits giftig. Symptome: weite Pupillen, Krämpfe bis zur Atemlähmung.

Verwandtschaft: Die Hohe Schlüssel-blume gehört zu den Primelgewächsen.

Die Echte Schlüsselblume ist mit der Ho-hen Schlüsselblume verwandt.

Die Blüten der Sumpfwasserfeder zeigen, sie gehört zu den Primelgewächsen.

Einteilung des Pflanzenreichs

Was verstehen wir unter dem Pflanzen-system?

Kein Briefmarkensammler käme wohl auf die Idee, seine Marken nach der Farbe oder nach der Größe geordnet in sein Album zu stecken. Auch für unsere wilden Blumen ist das kein brauchbarer Weg, um die Vielfalt übersichtlicher zu machen. Es gibt einfach zu viele weiße Blüten, zu viele mit einer Schattierung von Rot in den Kron-blättern. Für viele Blumen gibt es zudem noch die unterschiedlichsten Bezeichnungen. Die Echte Primel wird zum Beispiel Himmelsschlüssel, Wiesenprimel oder Duftende Schlüs-selblume genannt. Der einzige sinn-volle Weg ist, jeder Pflanze einen wissenschaftlichen Namen zu geben, der bei uns genauso verständlich ist

wie in Amerika oder in China, und die Pflanzen nach ihrer Verwandt-schaft zu ordnen.

Am Beispiel der Echten Schlüssel-blume kann man das Pflanzensys-tem leicht verstehen: Alle Primelar-ten bilden zusammen die **Gattung** Prímula. In dieser Gattung findet man nun verschiedene Primelarten, so auch die Echte Primel. Sie be-kommt daher den **Art**-Namen Pri-mula veris (lat. veris, wahr, echt).

Nun gibt es Blumen, die zwar keine Primeln sind, deren Blüten aber denen der Primeln sehr ähnlich sind, beispielsweise die Wasserfeder. Man stellt sie deshalb zusammen in die **Familie** Primelgewächse.

Es ist gut, sich die Merkmale der häufigsten Pflanzenfamilien einzu-prägen. Wer sie im Kopf hat, spart eine Menge Arbeit beim Bestimmen.

Die vollständige wissenschaftliche Bezeichnung der Echten Primel lau-tet also:

Familie: Primelgewächse
Gattung: Primula
Art: Primula veris

CARL VON LINNÉ

Der schwedische Naturforscher Carl von Linné (1707 - 1778) ordnete erfolgreich das Reich der Pflanzen nach einem Sys-tem. Er erkannte, dass man Pflanzen am sinnvollsten nach ihrem Blütenbau, also nach der Anzahl der Staubblätter, der Blütenblätter und dem Auf-bau des Fruchtknotens bestim-men kann. Vielen wurde erst durch seine Arbeit bewusst, dass eine Blüte aus männli-chen und weiblichen Organen besteht. Linné war auch der Erste, der die lateinischen Be-zeichnungen einführte: Das Hundsveilchen heißt zum Bei-spiel *Viola canina* (lat. canis, der Hund). Durch die Bezeich-nung wurde der Artname der Pflanze festgelegt.

Eine der bekanntesten Pflanzenfamilien ist die Familie der Kreuzblütler. Zu ihr gehören viele Wildkräuter, aber auch Gemüse-, Öl- und Gewürzpflanzen, wie zum Beispiel Kohl, Radieschen, Raps und Senf. Die Blätter vieler Kreuzblütler haben einen scharfen Geschmack. Als Blütenstand finden wir meist eine lockere Traube. Sehr charakteristisch ist der Bau der einzelnen Blüte: Vier Kelchblätter und vier Blütenblätter stehen über Kreuz, das heißt auf Lücke. Daher der Name Kreuzblütler. Es sind in der Regel sechs Staubblätter vorhanden, davon vier lange und zwei kurze. Zur genauen Bestimmung der Mitglieder dieser Familie sind oft die reifen Früchte wie Schoten und Schötchen erforderlich.

Als Schoten bezeichnet man die lang gestreckten Früchte, wie wir sie vom Raps, vom Hederich oder vom Wiesenschaumkraut kennen. Bei anderen Arten, wie Hirtentäschelkraut oder Hellerkraut, sind die Früchte kaum länger als breit. Man nennt sie Schötchen. Bei der Reife öffnet sich die Frucht der meisten Kreuzblütler mit zwei Klappen von unten her. Ei-

LIPPENBLÜTLER

Kreis: Die Blütenblätter sind miteinander verwachsen und bilden eine Röhre.
Unten: Der vierkantiger Stängel und die gegenständigen Blätter sind deutlich zu erkennen.

KREUZBLÜTLER

Schötchen des Hirtentäschelkrauts

Links oben: Über-Kreuz-Stellung der Blütenblätter beim Raps
Links: Schoten des Rapses

ne Mittelwand wir sichtbar, an der zu beiden Seiten die Samen sitzen.

Bei der Familie der **Lippenblütler** sind stets alle Blütenblätter miteinander verwachsen, die ganze Blüte löst sich also auf einmal, wenn man sie aus dem grünen Kelch herauszieht. Ein Blick mit der Lupe in den geöffneten grünen Kelch hinein zeigt bei allen Lippenblütlern einen vierteiligen Fruchtknoten. Ein weiteres Merkmal bieten die Blätter. An jedem Stängelabschnitt stehen sich zwei Blätter gegenüber. Man sagt daher: Bei Lippenblütlern sind die Blätter gegenständig. Nehmen wir noch den vierkantigen Stängel hinzu, so ist die Merkmalkombination für diese Familie bereits komplett.

Die Taubnesseln und der Salbei sind typische Vertreter, an denen man die Merkmale gut erkennen kann. Zu der Familie gehören aber auch zum Beispiel die Minze und der Thymian.

Bei der Familie der **Doldenblütler** stehen die unscheinbaren Einzelblüten dicht beieinander, um gemeinsam mehr aufzufallen. Typisch ist der schirmförmige Blütenstand.

Als überall häufige Pflanze kann uns die Wilde Möhre zeigen, was zum Erkennen dieser Familie wichtig ist: Die fein zerteilten Blätter, der hohle Stängel, die etwas bauchig aufgeblasene Blattansatzstelle, schließlich die Blütendolde, deren Strahlen von einem Punkt ausgehen. Die große Dolde wird von mehreren kleinen „Döldchen" gebildet. Wer genau hinsieht, wird entdecken, dass am Rande des Blütenstandes die äußeren Kronblätter der Einzelblüten größer sind. Sie bilden einen auffälligen Rahmen um die ganze Dolde. Wenn dazu noch in der Mitte eine schwarzrote „Mohrenblüte" prangt, wie es oft der Fall ist, dann wirkt auch hier der Blütenstand von weitem wie eine große Blüte.

Unter allen Pflanzenfamilien haben die **Korbblütler** die Idee des Blütenstandes am erfolgreichsten entwickelt. Das bekannte Gänseblümchen, die Margerite und die Sonnenblume haben am Rande des Blütenkorbes flache, zungenförmige Randblüten, die ausschließlich dazu da sind, Insekten anzulocken. Dagegen sind die zahlreichen Scheibenblüten klein und unscheinbar. Man

DOLDENBLÜTLER

Die Dolde besteht aus kleinen Döldchen, die wiederum aus vielen kleinen Blüten gebildet wird.

muss schon die Lupe zur Hilfe nehmen, um ihren röhrenförmigen Aufbau zu erkennen.

Etwas anders liegen die Verhältnisse beim Löwenzahn. Hier gibt es keine Scheibenblüten in der Mitte, sondern alle Blüten des Blütenstandes sind zungenförmig. Diese Gruppe von Korbblütlern ist außerdem daran zu erkennen, dass wenigstens die jungen Blätter einen weißen Milchsaft enthalten.

Der Blütenkorb der Korbblütler ist stets außen von grünen Hüllblättern umgeben. Sie wirken wie ein Kelch und verstärken noch den Eindruck der Einzelblüte.

KORBBLÜTLER

Auffallende Blütenblätter umrahmen kleine und dichtgedrängte Scheibenblüten. Die Hüllblätter sind auf diesem Bild nicht zu sehen.

VERSCHIEDENE BLÜTENSTÄNDE

Es gibt die unterschiedlichsten Blütenstände. Bei einigen stehen jeweils vollständige Blüten für sich wie bei den Trauben oder Ähren. Bei anderen herrscht das Prinzip der Arbeitsteilung. Wenn jede einzelne Narbe sich mit einer auffälligen Krone von Blütenblättern umgibt, bloß um den Insekten ins Auge zu fallen, so ist das ein ziemlich großer Aufwand. Da liegt es nahe, dass mehrere Blüten sich zu einer „Werbegemeinschaft" zusammenschließen. Auf diese Weise entsteht ein Blütenstand, der viele Einzelblüten enthält wie bei der Dolde. Stehen die Einzelblüten sehr eng und sind am Rande von einem Kranz leuchtender Blütenblätter eingerahmt, wird dies Art Körbchen-Blütenstand genannt. Dolde und Körbchen täuschen eine große Blüte vor.

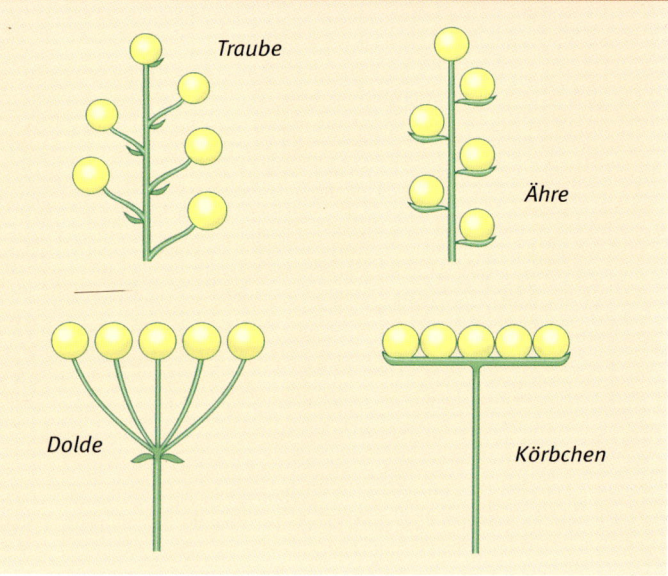

Traube

Ähre

Dolde

Körbchen

Lebensraum Röhrichtgürtel und Gräben

Die Sumpfcalla ist mit dem Aronstab verwand und wie dieser sehr giftig.

DER RÖHRICHTGÜRTEL – EIN BIOTOP FÜR VÖGEL

Wenn ein See langsam vom Rande aus zuwächst, also verlandet, gibt es meist bestimmte Pflanzengesellschaften, die sich in deutlich erkennbaren Zonen gürtelartig um das Gewässer ziehen. Vor allem der Schilfgürtel mit dem namengebenden Schilfgras und den Rohrkolbenarten ist nicht zu übersehen.

An Seeufern, aber auch in Gräben kann die Sumpfcalla große Flächen bedecken. Mit ihren hohlen Stängeln schwimmt sie gut. Die weißen tütenförmigen Hochblätter umgeben die eigentliche Kolbenblüte, ganz ähnlich wie beim Aronstab, mit dem die Calla auch verwandt ist.

Röhrichtsümpfe haben eine besondere Bedeutung für den Vogelschutz. Sie bieten nicht nur geschützte Brutplätze für Wasservögel, sondern auch Rast- und Futterplätze für durchziehende Singvögel.

GRABENRAND UND UFERBÖSCHUNG

An Grabenrändern und Uferböschungen wächst oft der Blutweiderich. Dort sind seine dunkelroten aufrechten Blütenstände ein besonderer Schmuck im Hochsommer.

Auch die Schwertlilien werben mit kräftigen Farben. Die großen gelben, geruchlosen Blüten sind für Hummeln gedacht. Sie bieten einen guten Landeplatz, und dunkle Linien auf den Blütenblättern weisen als so genannte Saftmale den Weg zum Nektar. Die flachen, leichten Samen der Lilie werden vom Wasser, aber auch vom Wind verbreitet. Nicht nur die Schwertlilie auch der Gewöhnliche Froschlöffel und das Gewöhnliche Pfeilkraut gehören bereits zu den selteneren Arten.

DER GRABEN – EIN WICHTIGES LAICHGEWÄSSER

Grabenbiotope sind wichtige Laichgewässer für Molche und Frösche und Lebensraum für Libellen, Käfer und Schmetterlinge. Häufig verbinden sie Fließgewässer mit Stillgewässern und tragen so zur Verbreitung vieler Tier- und Pflanzenarten bei.

Der Lebensraum Graben ist durch Uferbefestigungen und Gewässerausbau aller Art in Gefahr.

Die seltene Gelbe Schwertlilie enthält scharf schmeckende Giftstoffe. Sie ist die wilde Verwandte unserer Irisarten im Garten.

Der Gewöhnliche Froschlöffel hat seinen Namen von der Form seiner Blätter und dem Standort im Wasser.

Lebensraum Wasser

Kleine Wasserlinse

In stehenden Gewässern (Gräben, Teichen und Seen)

STILLGEWÄSSER

gibt es einige sehr ansehnliche Blütenpflanzen. Sie alle zeigen besondere Anpassungen an das feuchte Element. Direkt auf dem Wasser zu schwimmen scheinen die Blüten der Weißen Seerose, während die Gelbe Teichrose ihre Blüten meist über der Oberfläche trägt. Die meisten Wasserpflanzen müssen ihre Blüten in die Luft strecken, damit sie bestäubt werden können. Dazu sind genügend Oberflächenblätter nötig, die das Gewicht der Blüten tragen. Blatt- und Blütenstiele sind sehr elastisch und lang genug, um auch dann noch an die Oberfläche des Gewässers zu reichen, wenn nach heftigen Regenfällen der Wasserspiegel steigt. Drei Meter Wassertiefe und mehr können so überwunden werden.

Typisch für Altwasser und Tümpel sind Wildpflanzen wie die Kleine Wasserlinse, der Wasserknöterich und die Wasserpest.

Die Blätter der Wasserfeder sind als typische Unterwasserblätter in feine Zipfel aufgeteilt wie eine Feder: daher auch ihr deutscher Name. Sie ist vor allem in flachen Gräben zu finden. Die große Überraschung zeigt sich zur Blütezeit im Juni und Juli: Auf einem schlanken Stiel erheben sich rosafarbene Blüten, die dem aufmerksamen Betrachter die Verwandtschaft mit den Primelgewächsen verraten.

Fließendes Wasser stellt an die Pflanzen besondere

FLIESSGEWÄSSER

Anforderungen. Die Strömung lässt keine großflächigen Blätter zu, denn sie würden schnell zerreißen. Typische Unterwasserblätter sind daher fein zerschlitzt. Daneben kann es kleinere Schwimmblätter geben, also bei einer Art zwei sehr unterschiedliche Blattformen. Ein Beispiel für diese Verschie-denblättrigkeit ist der Wasserhahnenfuß. Auf der Wasseroberfläche liegen flache Schwimmblätter, die die weißen Blüten tragen. Sie sind gelappt und entsprechen dem Typ des Hahnenfußblattes, wie wir es von anderen Arten dieser Gattung kennen. Ziehen wir aber die ganze Pflanze aus dem Wasser, so entdecken wir die Unterwasserblätter. Sie sind in feinste Zipfel aufgeteilt und bieten so der Strömung kaum Widerstand.

Nur die aus dem Wasser ragenden Blätter des Pfeilkrautes sind wirklich pfeilförmig. Daneben gibt es ovale Schwimmblätter und ganz lange, schmale Unterwasserblätter, die bis einen Meter lang werden können. Hier sind also drei verschiedene Blattformen an einer Pflanzenart zu sehen! Das Pfeilkraut ist sehr anpassungsfähig und kann je nach Wassertiefe nur 20 Zentimeter oder aber bis zu 100 Zentimeter hoch werden.

Stillgewässer sind besonders durch Abwässer, die Gift-

GEWÄSSER IN GEFAHR

und Schadstoffe enthalten, gefährdet, da nur ein geringer Wasseraustausch statt findet. Aber auch Düngemittel aus angrenzenden Feldern

Die Blüten der Weißen Seerose scheinen auf dem Wasser zu schwimmen. Die Pflanze wird gern in Gartenteichen kultiviert.

Die Kanadische Wasserpest ist ein typischer Einwanderer. Jedes abgerissene Sprossstück kann sich bewurzeln und auswachsen.

Die untergetauchten Blätter (rechts im Bild) der Sumpfwasserfeder stehen quirlartig am Stängel und sind stark gefiedert.

oder Aufschüttung der Uferzonen zerstören den Lebensraum.

Natürliche Fließgewässer wurden in der Regel schon vor Jahren begradigt und in Dämme eingezwängt, damit das Wasser schnell abfließt. Dadurch sind die ursprünglichen Pflanzen entlang der Ufer meist nicht mehr zu finden. Dafür machen sich Neubürger wie das Indische Springkraut und der Riesenbärenklau breit und verdrängen unsere langsam wachsenden mehrjährigen Arten, die für eine bessere Uferbefestigung sorgen.

Ursprüngliche Auwälder gibt es bei uns kaum noch. Als Fließgewässer noch nicht begradigt waren, wurde bei Hochwasser häufig ein großer Teil des an den Fluss angrenzenden Waldes überschwemmt. Tagelang im Wasser zu stehen, halten nur ganz bestimmte Pflanzen und Blumen aus. Auwälder und freie, ungenutzte Flächen entlang der Flüsse haben den Vorteil, dass das Hochwasser aufgefangen wird, ohne Schaden in Städten, Dörfern und auf Äckern anzurichten.

Am Rand der Gewässer stehen häufig die Gemeine Pestwurz (oben) und der Wasserschierling (unten). Der Wasserschierling gehört zu den gefährlichsten Giftpflanzen. Alle Pflanzenteile sind hochgiftig, vor allem aber die Wurzel! Das kauen kleinster Pflanzenteile führt zu Vergiftungserscheinungen.

Der Wasserhahnenfuß und seine Verwandten sind durch Auffüllen von Gewässern, Kanalisierung von Gräben und zu intensive Wassernutzung in ihrem Bestand bedroht.

Überlebenskünstler

Abgesehen von der Blütezeit bleibt der Wasserschlauch meist unentdeckt. Seine Fangblasen sitzen unter der Wasseroberfläche. Sie wirken als Saugfallen.

Klappe

Gibt es Pflanzen, die Insekten fressen?

Fragt man sich, warum manche Pflanzen Insekten fangen und „fressen", so liegt die Erklärung nahe, dass sie damit einen Mangel ausgleichen möchten: Tierisches Eiweiß ist stickstoffhaltig und Insekten fangende Pflanzen leben an stickstoffarmen Standorten.

In unseren Mooren lockt der Sonnentau mit seinen kleinen Fangblättern. Was so verführerisch glitzert, ist ein klebriger „Tau", der kleine Insekten festhält, bis sich genügend „Haare" herumkrümmen, um die Beute zu umschließen.

Ähnlich raffiniert arbeitet das Fettkraut (siehe Hochgebirge). Seine Rosettenblätter sind oberseits klebrig, sodass winzige Insekten darauf haften. Die Berührung durch die Insekten veranlasst den Blattrand, sich einzurollen.

Sogar unter Wasser in Moorgräben und Teichen gelingt es einem Spezialisten, dem Wasserschlauch, sich kleine Wasserflöhe und Hüpfer-

linge einzuverleiben. Als Fangorgane dienen umgewandelte Blätter. An ihnen sitzen kleine knotige Blasen, in die ein Wasserfloh plötzlich hineingezogen werden kann. Durch Schließen einer Art Klappe, bleibt er gefangen. Wer diese seltene und geschützte Art entdecken will, sollte zur Blütezeit im Juli danach suchen. Sie verrät sich dann mit einer ansehnlichen lockeren Traube von goldgelben Blüten. Vor allem Schwebfliegen sorgen für die Bestäubung und holen sich den Nektar aus dem Sporn der Blüten.

MISTEL

Die Mistel ist ein so genannter Halbparasit. Sie betreibt mit ihren immergrünen Blättern Fotosynthese, entzieht jedoch dem Baum auf dem sie sitzt Wasser und Nährsalze. Dazu schließt sie über eine Art Wurzel das eigene Wasserleitsystem an das Leitsystem ihres

Wirtes an. Ihre Verbreitung sichert sich die Mistel durch klebrige Samen, die in den weißen Beeren sitzen. Frisst ein Vogel die Beeren, bleiben die Samen häufig am Schnabel hängen. Beim Versuch sie abzustreifen, gelangen sie in Spalten und Ritzen der Baumrinde. Dort keimen die Samen aus und schon das kleine Mistelpflänzchen zapft mit seiner Wurzel das Leitsystem des Wirtes an.

Der Sonnentau muss geduldig warten, bis ein Insekt sich auf seine Blattrosette verirrt. Dann schließen sich die „Tentakel" um das Opfer.

ARONSTAB – HEIL- UND GIFTPFLANZE

Alle Teile des Aronstabs, auch die Beeren, enthalten einen Wirkstoff der giftig ist und schon bei der Berührung zu Hautreizungen führt. Werden Pflanzenteile geschluckt, kann es im schlimmsten Fall zum Tod führen. In der Homöopathie wird der Wirkstoff allerdings in sehr hoher Verdünnung gegen Erkrankungen der Atemwege verwendet.

Wie funktioniert eine Kesselfallenblume?

Ein Blick ins Innere des Aronstabs macht die komplizierte Bauweise deutlich. Der Name „Kesselfalle" oder auch „Gleitfalle" wird dann einleuchtend. Unten im Blütenkessel befinden sich eine Vielzahl von Narben, ein Stück höher die Staubblätter. Über diesen wächst wie ein Sperrgitter ein Ring aus festen Haaren. Ganz oben, außerhalb des Kessels, endet der Blütenstand mit einer Keule. Die Blume heizt diesen Kolben künstlich auf etwa 30 Grad Celsius auf. In der Wärme verflüchtigen sich die dort gebildeten „Duftstoffe" besonders gut. Der Aronstab verbreitet einen intensiven Aasgeruch, der Fliegen und Käfer anlockt und ihnen Nahrung und einen guten Platz zur Eiablage vortäuscht.

Die anfliegenden Insekten gleiten leicht an der glatten Innenseite des Hochblattes ab und rutschen durch den engen Hals in den Kessel hinein. Wenn sie unten angekommen sind, versperren die glatte Wand und die festen Haare den Rückweg. Der Ausgang wird erst freigegeben, wenn nach den weiblichen Blüten auch die männlichen Blüten reif sind und ihren Staub über die Insekten ausgestreut haben. Dann verschrumpeln die festen Haare, und die gefangenen Insekten können sich befreien.

Nun bringen sie den Blütenstaub, mit dem sie bepudert wurden, zur nächsten Falle, denn dem verführerischen Duft können sie nicht widerstehen. Der Blütenstaub wird beim Herumkrabbeln an den Narben abgestreift. Bald darauf reifen auch in dieser Blüte die Staubblätter, und die Reise kann erneut losgehen.

AUFBAU DER „GLEITFALLE"

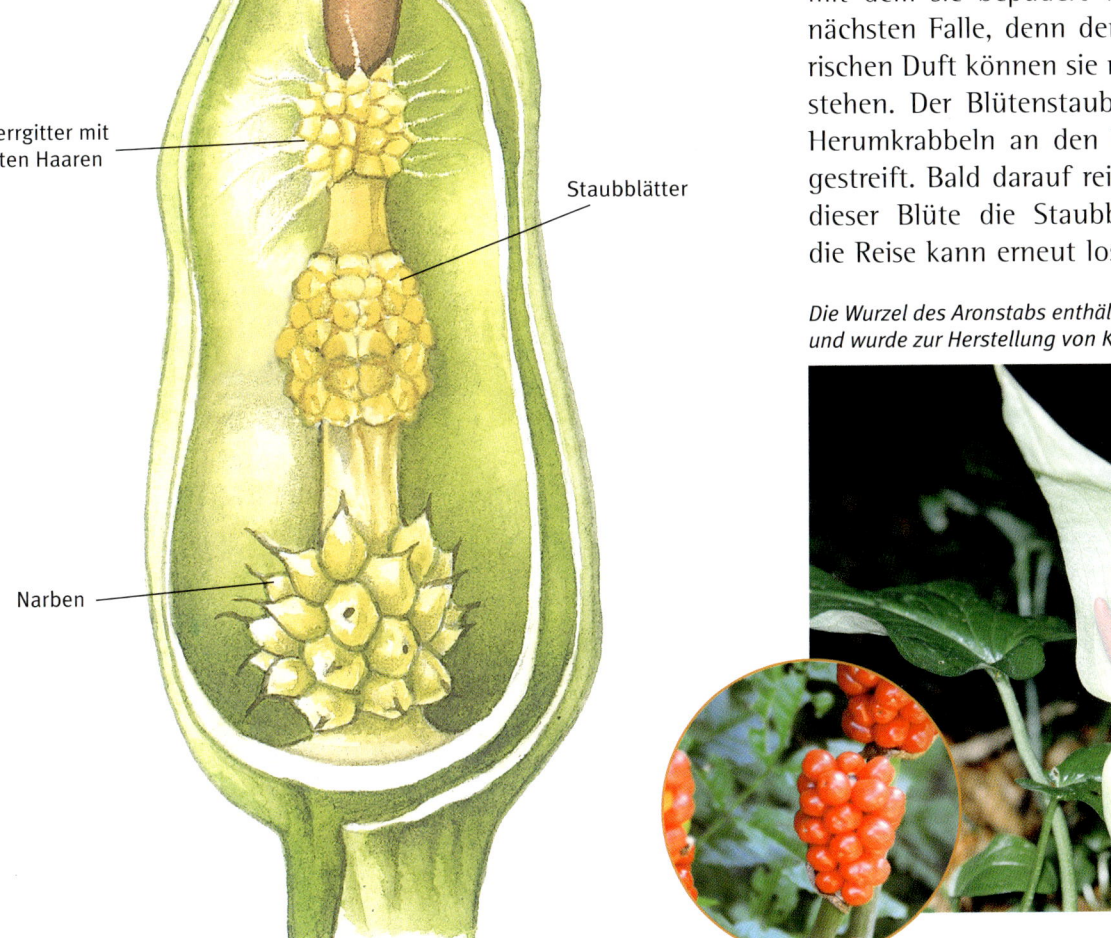

Tütenförmiges Hochblatt

stinkender Kolben

Sperrgitter mit festen Haaren

Staubblätter

Narben

Die Wurzel des Aronstabs enthält viel Stärke und wurde zur Herstellung von Kleister genutzt.

Lebensraum Moor

Das Torfmoos ist der wichtigste Vertreter der Hochmoore. Voll Wasser gesaugt, ist es ein regelrechter Wasserspeicher.

In der Torfmoosgesellschaft können sich nur wenige hochspezialisierte Pflanzen wie der Langblättrige Sonnentau behaupten.

Die Rosmarinheide ist eine Zeigerpflanze des Hochmoores. Die gesamte Pflanze ist giftig.

Fast alle Feuchtgebiete müssen heute

MOORE – EIN GEFÄHRDETER LEBENSRAUM

als bedrohte Lebensräume angesehen werden. Das gilt in besonderem Maße für die wenigen Moore, die wir noch haben. Ein Graben am Rand eines Moores braucht nur wenig vertieft zu werden – und schon ist der Wasserhaushalt empfindlich gestört. Bald ist die Fläche trocken genug, dass sich Bäume ansiedeln können, und dann ist es um die einzigartige Moorwelt geschehen. Torfverwertung als Heizmaterial ist schon seit dem ersten nachchristlichen Jahrhundert bekannt. Neben Torfabbau und Trockenlegung stellen Düngung und Beweidung weitere Gefahren dar, und leider kommt es auch immer wieder zu unerlaubten Müllablagerungen an den Rändern. Offenbar meinen viele Menschen, in einem ohnehin „nutzlosen" und unwegsamen Gelände könne dadurch kein Schaden entstehen.

Ein Hochmoor entsteht in Gegenden mit

HOCHMOOR

viel Regen und einem wenig durchlässigen Untergrund, auf dem sich das Wasser staut. Hier siedelt sich Torfmoos an, das ständig in die Höhe wächst, während seine unteren Stängelteile bereits wieder absterben. Da in den Boden wenig Sauerstoff gelangt, zersetzen sich die Pflanzen nur wenig und es entstehen im Lauf der Jahrtausende mächtige Torflager.

Neben dem Torfmoos halten sich nicht viele Pflanzen. Typisch sind verschiedene Sonnentauarten, die Rosmarinheide und das Wollgras.

Beginnt ein Hochmoor trocken zu werden (weniger Niederschlag, Eingriff des Menschen) entsteht ein Heidemoor. Hier kann man häufig einen dichten Bestand des Beinbrech, auch Moorlilie genannt, bewundern. Von der ausdauernden unterirdischen Grundachse wachsen Triebe im Bogen nach oben und können an günstigen Standorten ausgedehnte Rasen bilden. Blühend kann die Pflanze 30 Zentimeter Höhe erreichen. Sechs sternförmig ausgebreitete Blütenblätter leuchten gelb, sechs Staubbeutel mit ziegelroten Pollen heben sich vor diesem Hintergrund besonders deutlich ab.

Der Beinbrech ist eine typische Pflanze Norddeutschlands und auf Heidemooren zu finden (Moorglockenheide im Hintergrund).

Flachmoore entstehen in der Regel

FLACHMOOR

durch das Verlanden von Teichen oder Seen. Sie werden auch als Niedermoore bezeichnet.

Der Fieberklee ist ein typischer Anzeiger dieses Moores. Er verdankt seinen dreiteilig zusammengesetzten Blättern seinen deutschen Namen „Klee". Die weißen Blüten stehen in ansehnlichen Trauben zusammen. Auffällig sind vor allem die fünf bärtigen, zurückgeschlagenen Zipfel der Blütenkrone. Ein großer Bestand von Fieberklee, der zwischen Mai und Juni blüht, kann immer Begeisterung hervorrufen.

Obwohl beim Stichwort Moor die wenigsten an Enzian denken, gibt es einen selten gewordenen Vertreter dieser typischen Gebirgspflanzen im Tiefland: Es ist der Lungenenzian. Der glockige Blütenkelch von tiefblauer Farbe lässt keinen Zweifel an der Zugehörigkeit aufkommen. Die Blütezeit liegt im Spätsommer. Wie viele Enziane besitzt auch diese Moorpflanze einen Wurzelstock. Er wurde früher ebenso wie die Blüten als Heilmittel gegen Lungenkrankheiten gesammelt.

Der Fieberklee gehört zu den Verlandungspionieren. Vom Gewässerrand aus wachsen seine Wurzeln ins offene Wasser.

Auch das Sumpfblutauge ist ein Verlandungspionier. Eine Verlandung läuft sehr langsam ab und kann Jahrhunderte dauern.

Der Lungenenzian ist durch Trockenlegung der Moore sehr selten geworden und steht unter Schutz.

Naturschutz

Von Naturschutz ist in den letzten Jahrzehnten viel die Rede.

Was ist Naturschutz?

Nachdem sich die Städte und Dörfer, der Straßenbau und die Industrie immer weiter ausgebreitet haben, müssen wir uns um die verbleibenden Reste naturnaher Landschaft kümmern. Anfangs war man mehr darum bemüht, bestimmte selten gewordene und vom Aussterben bedrohte Arten – seien es Pflanzen, Vögel oder andere Tiere – unter Schutz zu stellen. Was nützt aber der beste Artenschutz, wenn nach und nach die Lebensräume vernichtet werden, in denen die seltenen Arten gedeihen? Deshalb geht es heute vor allem um den Schutz von Teilen der Landschaft, in denen Pflanze und Tier den Vorrang haben vor der wirtschaftlichen Nutzung. Auch als Erholungsraum für uns Menschen sind solche Schutzgebiete wichtig.

Schon ein einzelner alter Baum, eine Baumgruppe oder eine Grünfläche können zum Naturdenkmal erklärt werden,

Was ist ein Naturschutzgebiet?

um sie vor Veränderung oder Zerstörung zu schützen. Als Naturschutzgebiete werden vor allem schutzbedürftige Flächen ausgewiesen, wie zum Beispiel Feuchtwiesen, Trockenrasen, Brutplätze seltener Vögel oder selten gewordene Landschaftsformen. Hier ist alles untersagt, was zu einer Veränderung des Gebietes führen könnte. Falls erforderlich, wird sogar der Zutritt ganz oder während einer bestimmten Jahreszeit (etwa während der Brutperiode) untersagt. Weniger streng sind die Bestimmungen für Landschaftsschutzgebiete. Hier gehen

Beweidung durch Heidschnucken und Grasmahd sorgen dafür, dass sich im Naturschutzpark Lüneburger Heide (Norddeutschland) der Wald nicht ausbreiten kann.

In den alten Bundesländern war der Weißkopfseeadler das Symbol des Naturschutzes, obwohl er in Nordamerika beheimatet ist.

WENIGER AUSWAHL

Die Artenvielfalt von Pflanzen und Tieren sichert uns auch eine Vielfalt an Erbanlagen. Dieser „Vorrat" ist für die Zukunft der Natur von unschätzbarer Bedeutung. Wir sehen dies schon in der Landwirtschaft: Das Erbgut und damit die Eigenschaften ausgestorbener Arten kann für die Züchtung neuer Sorten fehlen. Bisweilen versucht man auch, durch aufwändige Rückzüchtungen die Vorteile alter Sorten wieder zu beleben.

UNGEAHNTE VERLUSTE

Viele unserer Arzneimittel enthalten Stoffe, die aus Pflanzen gewonnen werden. Manchmal kann man diese Stoffe im Labor erfolgreich kopieren, in anderen Fällen gelingt es nicht. Selbst heute noch werden immer wieder neue Pflanzen gefunden, die für den Menschen wertvolle Substanzen enthalten. Doch durch die, besonders in den Tropen, ständig fortschreitende Vernichtung von Lebensraum, verschwinden tagtäglich Pflanzen von der Erde, die wir noch nicht einmal entdeckt hatten. Das ist nicht nur für die Natur und das ökologische System ein schlimmer Verlust. Vielleicht hätte uns gerade diese Pflanze wichtige und lang ersehnte Arzneistoffe liefern können.

die normale Landwirtschaft und Forstwirtschaft weiter. Es soll nur verhindert werden, dass etwa durch Baumaßnahmen das Landschaftsbild verändert wird.

Die größten Flächen nehmen die Naturparks ein. Von ihnen gibt es nur wenige. Es sind vor allem Erholungsgebiete, deren ländlicher Charakter erhalten bleiben soll. Sie werden durch Wanderwege, Bänke, Badestellen und ähnliche Einrichtungen für die Besucher erschlossen. Innerhalb eines Naturparks kann es viele kleinere Flächen geben, die als Naturschutzgebiete, Schon- und Sperrgebiete strengeren Vorschriften unterliegen.

Gefährdete, vom Aussterben bedrohte und ausgestorbene Pflanzen- und Tierarten, aber auch Artengesellschaften,

Was ist eine Rote Liste?

Biotoptypen oder Landschaften werden von Fachleuten in so genannten Roten Listen zusammengestellt. Es gibt sie für bestimmte Teil-

Interesse an der Natur, eine gute Beobachtungsgabe und Kenntnis von Tier- und Pflanzenarten sind der beste Weg zum aktiven Naturschutz.

gebiete und für das ganze Land. Natürlich müssen sie von Zeit zu Zeit auf den neuesten Stand gebracht werden.

Aus den Listen lässt sich ablesen, wie viele Arten etwa in den letzten Jahren oder Jahrzehnten ganz verschwunden sind, wie viele vom Aussterben bedroht sind, welche Arten als gefährdet oder stark gefährdet angesehen werden. Genaue Beobachtungen über längere Zeit lassen die Veränderungen in der Artenzusammensetzung deutlich werden und sind eine unentbehrliche Grundlage für jeden Antrag an die Behörden, ein bestimmtes Gebiet unter Schutz zu stellen.

Je mehr fachkundige Laien bei dieser Arbeit mithelfen, indem sie Beobachtungen festhalten und weitergeben, desto besser kann so ein Antrag begründet werden und hat damit selbstverständlich mehr Aussicht auf Erfolg.

Die Eule stand für den Naturschutz in den neuen Bundesländern. Seit 1991 ist dieses Schild deutschlandweit gültig.

Naturschutz im Garten fängt mit

**Was verstehen
wir unter
„Naturschutz
im Garten"?**

der Veränderung des gehegten und gepflegten grünen Rasens an. Mäht man wenigstens Teile davon nur noch ein- oder zweimal im Jahr, sind die Auswirkungen enorm: Ehrenpreis, Gänseblümchen und Augentrost stellen sich ein. Ideal wäre ein möglichst artenreiches „Durcheinander" das entsteht, wenn man die Pflanzen sich selbst überlässt.

Bei der Wahl der Sträucher, Stauden und Kräuter sollte man an die Bedürfnisse der Bienen, Hummeln und Schmetterlinge und nicht zuletzt der Vögel denken. In den Kräutergarten gehören Würzpflanzen wie Dill, Borretsch, Majoran und Bohnenkraut, die insgesamt eine lange Blütezeit haben und Nektar bieten.

Beim Anlegen einer Hecke wird der Naturfreund nicht zu Zierhölzern greifen, bloß weil sie so schön „pflegeleicht" sind, sondern Sträucher wählen, die den Vögeln Beeren und Nistgelegenheiten geben.

Ein kleiner Tümpel oder Teich im Garten mit Sumpfdotterblume, Schwertlilie und Blutweiderich ist nicht nur farblich sehr reizvoll. Er dient den Vögeln zum Trinken und Baden, und auch Libellen können wir beobachten.

Genauso finden sich für trockene Bereiche, Mauern, Hecken und Zäune geeignete Wildpflanzen. Kann man nicht ruhig ein paar Disteln dulden? Vielleicht lässt sich dann zum Dank der farbenprächtige Distelfink einmal sehen. Die großblütige weiße Zaunwinde mildert nicht nur den Anblick eines Drahtzaunes – sie ist auch für Schmetterlinge interessant.

Ein naturnaher Hausgarten kann eine Mischung aus alten Zier- und Nutzpflanzen und einheimischen Wildblumen sein. Die Wiese sollte nur ein- bis zweimal im Jahr gemäht werden.

FINGER WEG

Alle Tiere und Pflanzen stehen unter einem Allgemeinen Schutz. Für die Pflanzen bedeutet dies, dass man von nicht besonders geschützten Arten einen so genannten Handstrauß pflücken darf – mehr aber nicht! Auch ihre Lebensstätten dürfen nicht beeinträchtigt oder zerstört werden. Gilt eine Pflanze als besonders oder streng geschützt, dann dürfen keine Teile von ihr aus der Natur entnommen werden. Das heißt, sie darf weder gepflückt noch ausgegraben werden.

Immergrüne Nadelhölzer und ein gepflegter, artenarmer Rasen kennzeichnen einen typischen „sterilen" Garten.

Geschützte Pflanzen

Seit der Mensch die Natur landwirt-

KULTURLANDSCHAFT

schaftlich zu nutzen begann, veränderte er die Vegetation. Durch Anlegen von Weiden, Wiesen, Heiden und Äckern schuf er viele neue Standorte. Ursprüngliche Pflanzen konnten sich ausbreiten und neue wanderten ein. Auch die, wie der Fachmann sagt, extensive Landwirtschaft mit ungedüngten Wiesen, einmaligem Mähen im Jahr und schonender Beweidung förderte die Artenvielfalt der vom Menschen gestalteten Landschaft. Diese so genannte Kulturlandschaft war artenreicher als die unbeeinflusste Naturlandschaft.

Der Frauenschuh hat seinen Namen von der großen schuhförmigen Blütenlippe.

Das Echte Alpenglöckchen durchwächst im Frühjahr oft schon den schmelzenden Firn.

Das änderte sich mit der Einführung der intensiven Landwirtschaft mit schweren Maschinen und dem Einsatz von Unkraut- und Insektengiften. Es gibt heute noch viele andere Gründe, warum Pflanzenarten gefährdet sind – und alle gehen auf den Einfluss des Menschen zurück. Einige Ursachen kannst du in den Kapiteln zu den jeweiligen Lebensräumen nachlesen.

Die Küchenschelle ist durch Rückgang der Schafweiden gefährdet.

Viele Pflanzen sind in Mitteleuropa bereits ausgestorben oder sind in

NATURERBE

ihrem Bestand gefährdet. Es ist für uns selbstverständlich das Kulturerbe zu bewahren und nachfolgenden Generationen zu überliefern. Genauso selbstverständlich sollte es sein, unser Naturerbe zu schützen und zu erhalten.

Jeder Pflanzenfreund wird die Schutzvorschriften beachten. Wer Freude an bunten Wildblumen hat, wird ohnehin nichts abzupfen oder aus Unachtsamkeit zertreten. Um aber Pflanzen, die unter Naturschutz gestellt wurden, wirklich schonen zu können, muss man sie erst einmal kennen! Wir leisten deshalb auch einen Beitrag zum Naturschutz, indem wir uns eine sichere Artenkenntnis verschaffen.

Die Blütenknospen des Türkenbunds werden gerne von Rehen verspeist.

Der Märzenbecher blüht auch im Garten, in der Natur ist er besonders geschützt.

Das Breitblättrige Knabenkraut ist durch Trockenlegung von Nasswiesen gefährdet.

Lebensraum Küste

Wiesen aus Queller bilden die erste Verlandungszone und haben damit eine wichtige Küstenschutzfunktion.

Im Bereich von Ebbe und Flut können

STRAND UND SPÜLSÄUME

nur wenige Pflanzenarten gedeihen. Sie müssen sich an den Salzgehalt des Meerwassers anpassen. Viele von ihnen haben fleischige Blätter und Stängel. Ihre Farbe ist meist graugrün. Man muss sich vorstellen, dass besonders im Sommer der Salzgehalt in den kleinen Tümpeln, die bei Ebbe im Watt zurückbleiben, ganz gehörig ansteigen kann, da das Wasser nach und nach verdunstet. Gegen die hohe Salzkonzentration der Umgebung müssen sich die Pflanzen genauso schützen, wie es dickfleischige Arten in Trockengebieten gegen die Hitze tun. Es ist also kein Zufall, dass so unterschiedliche Standorte wie Meeresküste und Felswüste recht ähnliche Pflanzengestalten aufweisen.

Eine ausgesprochen Salz liebende Pflanze ist der Queller. Er bildet große Rasen auf den Schlickböden des Watts. Aber auch im Binnenland kann er an Stellen gefunden werden, wo salzhaltiges Wasser hervorquillt. Als einjährige Pflanze stellt der Queller durch reichliche Samenproduktion die Überwinterung sicher. Wo Jahr für Jahr der Queller auskeimt (im April) und dichte Rasen bildet, dort lagert sich Schlick ab, und der Boden erhöht sich. So leitet diese Pionierpflanze die Landbildung ein.

Auf neu gewonnenem Boden entsteht

SALZWIESEN

eine artenreiche Pflanzengesellschaft: die Salzwiese. Neben den Gräsern finden sich einige schöne Blumen ein, wie die Salzaster, die Strandnelke und das Strandtausendgüldenkraut. An den Rändern der Gräben und Prile steht oft massenweise der Strandbeifuß mit seinen weißfilzigen, silberhellen Blättern, die sehr aromatisch duften.

Die Salzaster bildet einen der äußersten Vorposten auf den Uferwiesen gegen das Meer.

Wenn der Wind größere Sandmengen

SANDDÜNEN

auf das Land verfrachtet, können Dünen entstehen. Der Sand kommt aber nur zur Ruhe, wenn es bestimmten Pflanzenarten gelingt, in ihm Fuß zu fassen. Die Salzmiere ist hier besonders erfolgreich. Sie ist zwar nur eine niedrige, kriechende Pflanze mit hellgrünen, glänzenden Blättern, doch ihr Wurzelwerk ist dafür umso besser entwickelt. Es ist weit verzweigt und leistet den entscheidenden Beitrag zur Festigung des Sandes. Der Salzmiere macht es auch nichts aus, wenn sie von neu angewehtem Sand überschüttet wird. Sie schlägt wieder aus und wächst nach oben durch. Diese Eigenschaft und ein gut ausgebildetes Wurzelsystem müssen alle Dünenpflanzen haben, denn Sand kann immer wieder in Bewegung geraten.

Die Stranddistel ist ein weiterer typischer Vertreter der Dünen. Ihren harten Stängeln und Blättern kann der Wind so leicht nichts anhaben, selbst wenn er Sand mitführt. Deshalb wird die stachelige Distel auch vom Weidevieh verschont.

Der Meersenf ist an seinen fleischigen Blättern als echte Salzpflanze zu erkennen. Am Fuße der Dünen oder am oberen Spülsaum findet er genügend Nährstoffe,

Den Strandbeifuß kann man gut an seinem aromatischen Geruch erkennen.

Der Strandflieder kann große Flächen besiedeln. Er blüht erst im Spätsommer.

um als einjährige Pflanze schnell heranzuwachsen und Rasen zu bilden. Die violett oder rosa gefärbten duftenden Blüten verraten – ebenso wie später die Schotenfrüchte – seine Zugehörigkeit zur Familie der Kreuzblütler.

VORSICHT, GESCHÜTZT!

Die Stranddistel ist an Nord- und Ostsee selten geworden. Gerade ihre Widerstandsfähigkeit und Dauerhaftigkeit sind daran schuld, denn sie ist damit geradezu ideal für Trockensträuße zu gebrauchen. Es sei deshalb ausdrücklich darauf hingewiesen, dass die Stranddistel unter Naturschutz steht und nicht gepflückt werden darf.

Der Strandflieder, der zur Blütezeit im Spätsommer die Halligen in ein blaues Blütenmeer verwandeln kann, ist ebenfalls geschützt. Auch er wurde durch die Nutzung als Trockenblume sehr selten.

AUF DEN WEGEN BLEIBEN

Der Mensch ist um jedes Stückchen Strand froh, das er dem Meer abringen kann. Auch für die Pflanzen ist es „harte Arbeit" sich in diesem Lebensraum zu behaupten. Deshalb sollten Besucher von Strand und Dünen immer auf den bereits angelegten Wegen bleiben. Durch die Dünen laufen, ein Strandlager aufschlagen und gar eine Sandburg bauen, zerstört die empfindliche Pflanzenwelt.

Salzwiesen sind Lebensraum vieler Vogelarten. Zur Brutzeit und zurzeit des Vogelfluges herrscht Hochbetrieb auf den Wiesen. Zum Schutz von Tieren und Pflanzen sollte man auch hier nur die ausgewiesenen Wege benutzen.

Der Meersenf wurde früher als Heilpflanze gegen Verstopfung verwendet.

Flugsand, der die Pollen mitreißt, bestäubt die Blüten der Strandsalzmiere.

Die fleischigen Wurzeln der Stranddistel wurden in Notzeiten als Gemüse verzehrt.

Blumen als Hobby

Angesichts bedrohter Lebensräume und Pflanzen ist das Sammeln und Pressen der Blumen keine zeitgemäße Beschäftigung mehr. Zudem sind viele Pflanzen geschützt und dürfen weder gepflückt noch ausgegraben werden. Wer sich die Blumen in ihrer Farbenpracht und ursprünglichen Erscheinung erhalten will, sollte sie mit dem „Fotoapparat sammeln". Ein Gesamtbild der Pflanze am Standort und eventuell noch eine Nahaufnahme dazu, ermöglichen oft nachträglich zu Hause, die Art zu bestimmen. Beim Fotografieren sollte man allerdings darauf achten, nicht in blindem Eifer alle anderen Pflanzen um das gesuchte Exemplar herum zu zertrampeln.

Gerätschaften eines Botanikers, 18. Jahrhundert: Mikroskope, getrocknete und gepresste Pflanzen (Herbarium), Klappmesser und Ledertasche zum Pflanzensammeln.

Botanik als Hobby hat Tradition. Im 19. Jahrhundert bis Anfang des 20. Jahrhunderts gab es regelrecht süchtige „Pflanzensammler". Abenteuerlust und die Suche nach immer neuen Pflanzen trieb sie in ferne Länder. Tausende von Pflanzen wurden im Laufe der Jahre zusammengetragen. Viele unserer Zierpflanzen stammen deshalb aus exotischen Regionen.

> **Soll man heute noch Pflanzen sammeln?**

Manche Pflanze erhielt den Namen ihres Entdeckers wie zum Beispiel die Rabattenpflanze Tradescantia nach John Tradescant einem englischen Pflanzensammler des 17. Jahrhunderts. Der Buchsbaum, Sarcococca hookeriana, wurde nach den englischen Botanikern Sir William Jackson Hooker und Sir Joseph Dalton Hooker (Sohn) benannt.

MARIA SIBYLLA MERIAN

In einer Zeit als Naturforschung fast ausschließlich von Männer betrieben wurde, erforschte und dokumentierte Maria Sibylla Merian, Tochter des berühmten Kupferstechers Matthäus Merian d. Ältere, nicht nur die einheimische

Maria Sibylla Merian (1647-1717)

Tier- und Pflanzenwelt, sondern reiste auch nach Südamerika. Dort sammelte, konservierte und zeichnete sie Pflanzen und Insekten. Besonders interessierte sie die Entwicklung von der Raupe zum Schmetterling. Schon zur damaligen Zeit waren ihre Arbeiten wissenschaftlich anerkannt.

Auf Maria Sibylla Merians Reise nach Surinam, Südamerika, entstand das Bild „Hibiskusblüte und Schwalbenschwanz".

WILDBLUMEN IM GARTEN

Eigene Wildblumen im Garten zu ziehen, macht viel Spaß, erfordert aber auch Geduld. Bei Wanderungen sollte man immer ein paar kleine Briefumschläge oder Papiertütchen dabei haben, um Samen sammeln zu können. Samen müssen immer trocken gelagert werden. Für eine erfolgreiche Anzucht muss man wissen, auf welchem Boden die Blume wächst, wie viel Sonne sie verträgt, und ob der Samen gekühlt gelagert werden muss, um auskeimen zu können. Ein paar Wochen Kühlschank ersetzen die Kälte, die auf die Samen im Winter einwirkt.

Welche Ausrüstung braucht man?

Ein Fotoapparat, mit dem man auch Nahaufnahmen machen kann, ist eine große Hilfe für eine Nachbestimmung der Pflanzen zu Hause. Praktisch ist auch eine Digitalkamera. Mit dieser Technik ist es möglich, sich die Bilder der letzten Exkursion gleich am Bildschirm des Computers anzusehen. Vielleicht besitzen die Eltern auch eine Videokamera. Auch sie eignet sich sehr gut, um Pflanzen zu dokumentieren.

Wer sein Hobby noch vertiefen möchte, wird sich bald nicht mehr mit Bild-Bestimmungsbüchern zufrieden geben. Eine Flora von Deutschland und seinen angrenzenden Gebieten gehört zur Grundausrüstung, ebenso eine stabile Einschlaglupe mit zehnfacher Vergrößerung. Die Lupe sollte möglichst eine Öse zum Festbinden haben. Beides sollte man auf jede Exkursion mitnehmen.

Wo finde ich Hilfe und Auskunft?

Besonders für den Anfänger ist es oft leichter und macht auch mehr Spaß, sich mit Gleichgesinnten zusammenzutun und gemeinsam die Pflanzenwelt der Umgebung zu erforschen. Man kann sich zum Beispiel in der Schule er-

EINSCHLAGLUPE

Die Einschlaglupe hält man mit einer Hand dicht an das Auge, mit der anderen führt man den Beobachtungsgegenstand, zum Beispiel eine Blüte, an die Lupe heran bis man ihn richtig scharf sieht. Einschlaglupen kann man beispielsweise beim Optiker kaufen.

kundigen, ob es einen örtlichen Botanischen Verein gibt, der pflanzenkundliche Wanderungen macht oder Kurse anbietet. Apotheker sind meist auch botanisch interessiert und könnten helfen.

Speziell für Jugendliche gibt es zum Beispiel den Deutschen Jugendbund für Naturbeobachtung (DJN), den BUND Jugend (BUND, Bund für Umwelt und Naturschutz Deutschland) und den Naturschutz Jugend (NAJU; NABU, Naturschutzbund Deutschland) mit vielen Ortsgruppen.

Der Natur auf der Spur: Auf einer Exkursion sollte die Lupe nicht fehlen.

INDEX

WAS IST WAS BAND 78 — **Geld**

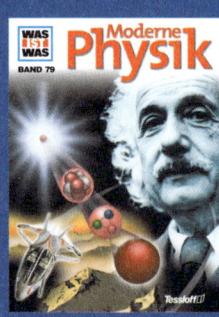
WAS IST WAS BAND 79 — **Moderne Physik**

WAS IST WAS BAND 80 — **Tiere** wie sie sehen, hören und fühlen

WAS IST WAS BAND 81 — **Die Sieben Weltwunder**

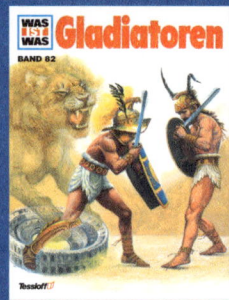
WAS IST WAS BAND 82 — **Gladiatoren**

WAS IST WAS BAND 83 — **Höhlen**

WAS WAS BAND 90 — **Der Regenwald**

WAS WAS BAND 91 — **Brücken**

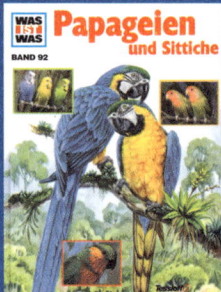
WAS WAS BAND 92 — **Papageien** und Sittiche

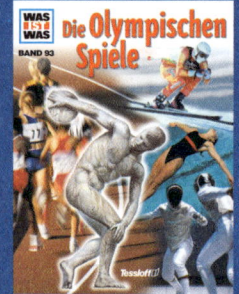
WAS WAS BAND 93 — **Die Olympischen Spiele**

WAS WAS BAND 94 — **SAMURAI** Ritter des Fernen Ostens

WAS WAS BAND 95 — **Haie und Rochen**

WAS WAS BAND 102 — Unser **Kosmos** An den Grenzen von Raum und Zeit

WAS WAS BAND 103 — **Demokratie**

WAS WAS BAND 104 — **Wölfe**

WAS WAS BAND 105 — **Weltreligionen**

WAS WAS BAND 106 — **Burgen**

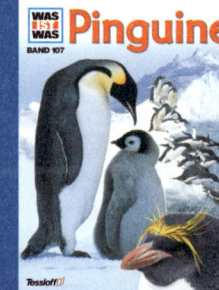
WAS WAS BAND 107 — **Pinguine**

WAS WAS BAND 114 — **Feuerwehr**

WAS WAS BAND 115 — **Bären**

WAS WAS BAND 116 — **MUSIK INSTRUMENTE**

WAS WAS BAND 117 — **Bauernhof**

Die Reihe wird fortgesetzt